ADAC

Oberbayern

von Martin Fraas

10 ADAC Top Tipps

Das müssen Sie gesehen haben! Die zehn Top Tipps bringen Sie zu den absoluten Highlights.

25 ADAC Empfehlungen

Unterwegs gut beraten: Diese 25 ausgesuchten Empfehlungen machen Ihren Urlaub perfekt.

Preise für ein DZ mit Frühstück:
€ | bis 100 €
€€ | bis 180 €
€€€ | ab 180 €

Preise für ein Hauptgericht:
€ | bis 15 €
€€ | bis 25 €
€€€ | ab 25 €

1 Natürliche Inspiration

Im 19. Jh. wurden die Ramsau (S. 104) und der idyllische Hintersee von Malern aus ganz Europa entdeckt. Etwa Ferdinand Waldmüller, Friedrich Gauermann, Carl Rottmann und Wilhelm Busch holten sich hier Inspiration. Auf den Spuren der Künstler dieser Zeit führt der 6,5 km lange Ramsauer Malerweg vom Zentrum des Bergsteigerdorfs bis zum Hintersee. Auf 26 Tafeln sieht man die Gemälde und dahinter das Motive in natura.

■ www.berchtesgaden.de/wandern/see-klamm-wanderungen/ramsauer-malerweg

3-mal draußen

2 Spannende Irrwege

Von Juli bis September lockt seit 1999 in Utting am Ammersee (S. 48) alljährlich ein aufwendig gestaltetes Labyrinth aus Hanf, Mais und Sonnenblumen. Ein Abenteuer für die ganze Familie! Auch weitere Attraktionen winken: Kugelbahnen, ein Wasserspiel, Kürbis-Tunnel sowie ein Aussichtsturm mitten im Feld. Dazu freuen sich die Kinder über ein Riesenbällebad, eine Rennstrecke für Trettraktoren, ein Strohballen-Labyrinth und einen Sandkasten mit verschiedenen Baggern.

■ www.exornamentis.de

3 Spektakulärer Ausblick

Das Wetterkreuz gilt als einer der schönsten Aussichtspunkte Oberbayerns. Der Blick von dem kleinen Felsspitz in 1061 m Höhe auf Reit im Winkl (S. 94) und die umliegenden Berge ist bei gutem Wetter atemberaubend. Wie die Einheimischen erzählen, fand unter dem Kreuz schon so manche Verlobung statt. Die leichte, ca. 90-minütige Tour führt von Reit über die Eckkapelle 380 Höhenmeter nach oben. Wenn man über die Hutzenalm (auch in der Nebensaison am Wochenende geöffnet) absteigt, wird aus der Wanderung eine Rundtour.

■ www.reitimwinkl.de/wetterkreuz

Intro

ADAC Quickfinder

Hier finden Sie die Orte, Sehenswürdigkeiten und Attraktionen, die perfekt zu Ihnen passen.

Unterwegs

Service

Zu diesen Orten und Sehenswürdigkeiten finden Sie Detailkarten im Innenteil des Reiseführers.

Umschlag:

ADAC Top Tipps: Vordere Umschlagklappe, innen 1
ADAC Empfehlungen: Hintere Umschlagklappe, innen 2

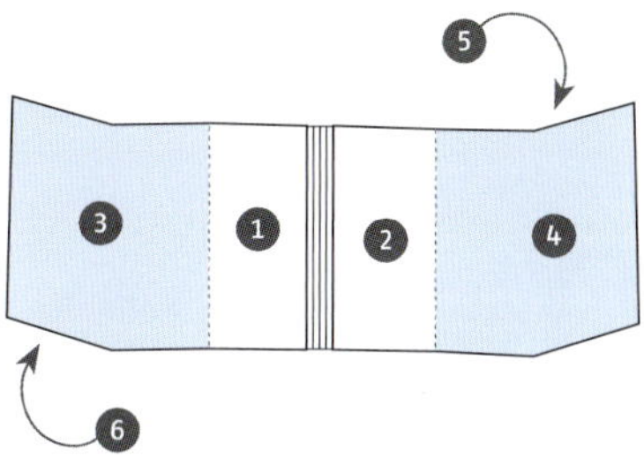

Oberbayern West: Vordere Umschlagklappe, innen 3
Oberbayern Ost: Hintere Umschlagklappe, innen 4

Stadtplan München: Hintere Umschlagklappe, außen 5
Ein Tag in München: Vordere Umschlagklappe, außen 5

Malerische Natur, Kultur, Lebensfreude und Genuss

Oberbayern bietet eine überwältigende Vielfalt an Möglichkeiten. Eine Urlaubsgegend, die keine Wünsche offen lässt

Majestätisch ragt die Zugspitze südwestlich von Garmisch-Partenkirchen auf

Die anderen Gegenden mögen es verzeihen. Aber wenn für Deutschland als Reiseland geworben wird, dann stammen die Motive meist aus Bayern. Genauer gesagt von dem Fleckchen Erde, das im Südosten des Freistaats liegt: Oberbayern. Die Region ist sozusagen die Essenz aller touristischen Reize. Oberbayern ist das Idealbild eines Urlaubslandes und bietet ein Landschaftskino, das mit seinen vielfältigen Kulissen einzigartig ist. Wer bei gutem Wetter mit dem Schiff über den Königssee fährt oder durch den Park des Schlosses Herrenchiemsee spaziert, der ist geneigt zu glauben, dass es das Paradies auf Erden gibt. Man kann das »Ober« im Namen also auch so deuten, dass Oberbayern sogar das international so beliebte Bayern nochmals toppt. Oberbayern ist Überbayern.

Tradition und Brauchtum

Die Idylle in Oberbayern ist aber keine folkloristische Inszenierung. Tradition wird hier wirklich noch gelebt und gepflegt. Es gibt in diesem Landstrich die meisten Trachtenvereine Deutschlands und allein 46 Gebirgsschützenkompanien. Besonders auf dem Land ist es auch für die »junga Leit« eine

Selbstverständlichkeit, in der Blasmusikkapelle zu musizieren und Mitglied der Freiwilligen Feuerwehr zu sein. Man ist stolz auf die regionalen Besonderheiten, auf das spezielle Brauchtum und die lokale Tracht. Und man setzt sich auch dafür ein, dass all die Umzüge, Prozessionen, Pferdewallfahrten, Almabtriebe, Dorf- und Waldfeste fortbestehen. Der Respekt vor der Historie ist hier überall zu spüren.

Land und Leute

Wie hat man sich ihn vorzustellen, den typischen Oberbayern? Gibt es wirklich eine Wesensgemeinsamkeit zwischen einem Spitzenmanager bei Audi in Ingolstadt und der Sennerin, die ganz alleine hoch oben über dem Schliersee die Jägerbauernalm managt? Vielleicht ist es die Devise »Schwer arbeiten, leicht leben«, die sie verbindet. Innerhalb Deutschlands hat Oberbayern das zweithöchste Bruttoinlandsprodukt pro Einwohner. Doch trotz des allgegenwärtigen Fleißes und der Disziplin, die so gar nicht dem gängigen Klischee entsprechen, wird der

Das bayerische Volksgetränk (unten) – Umgeben vom »bayerischen Meer«: Fraueninsel im Chiemsee (ganz unten)

Genuss nicht aufs Jenseits verschoben. Der Regisseur Helmut Dietl hat seiner Serienfigur »Monaco Franze« den berühmten Satz in den Mund gelegt: »A bisserl was geht immer.« Und er

> *Wen Gott liebt, den lässt er fallen in dieses Land.*
>
> *Ludwig Ganghofer*

stimmt, insbesondere für Oberbayern. Ein Genussmoment ist immer möglich, etwa ein Weißbier zum zweiten Frühstück. Die Kunst des Lebens besteht darin, auch mal Fünf gerade sein zu lassen. Die Oberbayern lieben zwar die Ordnung, aber es ist für sie kein Widerspruch, tolerant zu sein, wenn einer mal aus der Reihe tanzt. Im Prinzip lieben sie die Rebellen, die sich nicht um »political correctness« scheren.

Kirche und Küche

Ja, diese Kombination gehört in Oberbayern unbedingt zusammen. Kaum ein Kirchturm, in dessen Schatten sich nicht ein Wirtshaus befindet. Das beste Bier wird traditionell in Klöstern wie etwa in Andechs oder Ettal gebraut. Und fast jedes sakrale Fest ist mit einem üppigen Essen verbunden. Es ist nicht so, dass die Oberbayern statistisch gesehen gläubiger wären als der Rest der Nation. Aber sie sind auch nicht ungläubig. Ein feiner, aber wichtiger Unterschied, der wieder mit Toleranz zu tun hat. Warum sich nicht die Möglichkeit offenlassen, dass der Herrgott existiert? Angesichts der überirdisch schönen Wieskirche und vielen anderen Rokoko-Meisterwerken ist das durchaus verständlich.

Es gibt zahlreiche Wirtsstuben, die so wunderbar sind, dass man nie mehr aufstehen mag. Ja, man könnte allein

Ausflugsschiff auf dem Königssee, unterwegs zur Wallfahrtskirche St. Bartholomä

Monate damit verbringen, die schönsten Gasthäuser Oberbayerns zu besuchen. Die Speisen sind gerne deftig und oft noch auf den Kalorienverbrauch einer körperlich hart arbeitenden Bevölkerung zugeschnitten. Schweinebraten und Schweinshaxn mit Knödel sowie als Brotzeit abgebräunter Leberkäs mit Spiegelei und Bratkartoffeln stehen fast immer auf der Speisekarte. Kulinarisch ist die Nähe zu Österreich in der Vorliebe für Süßes und Mehlspeisen zu erkennen.

Tourismus und Sport

Viele Regionen Oberbayerns haben seit langer Zeit Erfahrung mit dem Fremdenverkehr. Das Salzbergwerk in Berchtesgaden wurde Besuchern bereits 1816 zugänglich gemacht, das erste Teilstück der Zugspitzbahn 1929 eröffnet. Das heißt, die Gegend lebt mit und vom Tourismus. Dementsprechend gut ist die Infrastruktur. Oberbayern hat eine Vielzahl an klassischen Sehenswürdigkeiten wie Schlösser, Burgen, Kirchen, Museen, Seen und Berge. Das Angebot an Übernachtungsmöglichkeiten ist breit und reicht von einfachen Pensionen bis zu Luxusresorts. Und auch Kinder kommen auf ihre Kosten, sei es in Thermenwelten, Freizeitparks oder im größten Abenteuerspielplatz: der Natur.

Nach einigen Bausünden haben die Oberbayern gelernt, auf ihre Heimat aufzupassen. In Tegernsee etwa sind Häuser ohne Spitzdach per Gesetz verboten. Und es gibt viele Projekte, um Innenstädte vom bisweilen erdrückenden Verkehr zu entlasten. Um die Tradition zu wahren, sind immer wieder Veränderungen nötig. So ruht Oberbayern gleichzeitig in sich und ist doch in stetiger, sanfter Bewegung.

Einwohner *4,7 Mio*

Fläche *17 530 km² (etwa fünfmal so groß wie Mallorca)*

Grenzen *Oberpfalz, Niederbayern, Österreich, Schwaben, Mittelfranken*

Größte Stadt *München (1,5 Mio)*

Höchster Berg *Zugspitze (2962 m)*

Größter See *Chiemsee (79,9 km²)*

Tiefster See *Königssee (tiefste Stelle 190 m)*

Universitäten *Vier plus vier Fachhochschulen*

Größtes Fest *Oktoberfest mit ca. 6,3 Mio Gästen*

Tourismus *19 Mio Gäste und über 44 Mio Übernachtungen pro Jahr*

Wichtigste Vokabeln *»Semmel« (Brötchen), »Obatzda« (zur breiigen Masse angemischter Weichkäse), »Radi« (Rettich), »Halbe« (ein halber Liter helles Bier), »griabig« (gemütlich), »schiach« (unschön)*

Oft gehörte Redensarten *»Des is a gmahde Wiesn« (das positive Ergebnis steht schon fest), »Do legst di nieda« (Ausdruck der Verwunderung)*

Nationalheld *Georg Jennerwein, Wilderer in den Schlierseer Bergen, am 6. November 1877 von seinem früheren Freund Josef Pföderl erschossen*

Das will ich erleben

Oberbayern bietet eine überwältigende Fülle an Museen, Kirchen, Kultur, Einkaufsmöglichkeiten sowie urigen Gasthäusern und Biergärten. Zudem gibt es eine Vielzahl an Veranstaltungen und Festen, bei denen die Brauchtumspflege im Vordergrund steht. Die größte Sehenswürdigkeit ist aber sicher die fantastische Natur. Oberbayern ist zudem eine Region mit reizvollen Kontrasten. Während München, die Landeshauptstadt, Großstadtflair verströmt, taucht man ein paar Dutzend Kilometer weiter in entlegenen Dörfern und auf einsamen Almen in eine völlig andere Welt ein.

18

Gepflegte Wirtshauskultur

Die Dichte an empfehlenswerten Gasthäusern ist in Oberbayern sehr hoch. Es gibt (welt)berühmte, wie das Hofbräuhaus in München (S. 25) oder das Herzogliche Bräustüberl am Tegernsee. Daneben finden sich aber so einige, die noch ein Geheimtipp sind.

30

Alte Meister und moderne Kunst

Allein in München kann man im Radius von 500 Metern Kunstwerke von der Antike bis hin zur Gegenwart sehen. Und vielerorts trifft man auf weitere hochkarätige Museen. Die Oberbayern sind nicht nur Meister in der Kunst des Lebens, sondern auch in der Präsentation von Kunst.

Allgegenwärtige Kultur

Es gibt in Oberbayern eine statische Kultur und eine lebendige. Zur ersten Kategorie gehören etwa die Kirchen, viele im Rokoko-Stil, und die Königsschlösser. Kultur bedeutet in der Region aber auch, Tradition fortzuführen, zum Beispiel in Form des Bauerntheaters.

Interessante Geschäfte

Oberbayern ist ein Einkaufsparadies mit Traditionsgeschäften, die vielfach bereits seit Generationen existieren. Es gibt aber auch junge Betriebe, die sich auf alte Handwerks- und Produktionstechniken rückbesinnen und Tradition mit Innovation verknüpfen.

Sensationelle Ausblicke

Oberbayern hat Ähnlichkeiten mit einem Theatersaal, dessen Bühne die Voralpen und Chiemgauer Alpen sind. Dementsprechend gibt es viele Stellen mit ganz besonderen Panoramablicken, deren vollkommene Schönheit einfach überwältigend ist.

Faszinierende Technik

In Oberbayern gibt es viele technische Meisterleistungen zu bewundern wie etwa die Zugspitzbahn, von 1928 bis 1930 erbaut, oder die neue Seilbahn Zugspitze. Der Autotechnik ist die BMW Welt gewidmet, die meistbesuchte Sehenswürdigkeit in ganz Bayern. Dazu kommen viele weitere Zeugnisse herausragender Ingenieurskunst.

Heimische Genüsse

Es hat in Oberbayern Tradition, den Alltag auszukosten und sich besondere Genussmomente zu gönnen. Kein Zufall also, dass große und bekannte Delikatessenhäuser in München beheimatet sind. Verführungen zum Genuss finden sich aber überall.

Vielfältige Wandermöglichkeiten

Ganze Reiseführer lassen sich mit Wandervorschlägen füllen, die durch die reizvolle oberbayerische Landschaft führen. In jedem Landstrich gibt es empfehlenswerte Wege aller Schwierigkeitsgrade und Längen. Und das besonders Schöne am Wandern in Oberbayern: Am Ende wartet fast immer eine urige Alm, die zur Einkehr lädt.

Einzigartige Natur

Es ist vor allem auch die Natur, die Besucher nach Oberbayern lockt und die auch die Einheimischen an ihrer Heimat schätzen. Die Vielfalt ist kaum zu übertreffen. So gibt es ursprüngliche Moorlandschaften, steile Schluchten, durch die das Wildwasser tobt, oder unberührte hochalpine Bergwelten, um nur einige der Schönheiten zu nennen.

Action und Erlebnis

Das umfangreiche Angebot an Outdoor-Möglichkeiten lässt keine Wünsche offen. Ob Bergsteigen, Radfahren, Segeln oder im Winter Skisport: Es gibt fast keine Sportart, für die Oberbayern nicht die perfekte Kulisse wäre. Wer das Außergewöhnliche sucht, kann Abenteuer und Spannung auch auf Isarfloß- oder Ballonfahrten erleben.

Ein großes Kinderparadies

Oberbayern ist mit seinen Seen, Bergen, Wäldern und Flüssen ein einziger großer Abenteuerspielplatz. Darüber hinaus gibt es allerorts spezielle Angebote für Kinder. Diese reichen von kindgerechten Wanderungen, Theatern, spannenden Museen bis hin zu Action-Attraktionen.

Unterwegs

Vor malerischer Alpenkulisse erstreckt sich der Chiemsee, der größte See Bayerns. Von den Schiffsanlegern, hier in Gstad, starten vielfältigste Ausflugsfahrten über das »bayerische Meer«.

München und der Norden

Das Millionendorf bezaubert mit seiner wunderbaren Balance zwischen Tradition und Moderne, Schicki-Micki und Bodenständigkeit

Das Herz Oberbayerns ist ohne Frage München. Hier sitzt an der Maximilianstraße auch die Regierung dieses Bezirks. Es gibt wohl in Deutschland keine Stadt, die so sehr mit Klischees behaftet ist wie München. Ein Millionendorf, dessen Bewohner Tracht tragen, sich schon zum Frühstück ein Weißbier genehmigen und charmant vor sich hinganteln. Oder: Die Bussi-Bussi-Metropole, in der man gerne mal von Grünwald oder Bogenhausen mit dem Range Rover zum Shoppen in die Maximilianstraße cruist und natürlich auf dem Gehweg parkt.

Zugegeben, man muss nicht lange suchen, um diese Klischees bestätigt zu sehen. Wer aber die Touristenpfade verlässt, trifft auf ein anderes München. Mit einer lebendigen Kunst- und Kleinkunstszene, mit Freien Theatern, interessanten Werkstätten, ausgefallenen Läden, ambitionierten Clubs und Restaurants. Und mit Start-up-Firmen, bei denen auch bei Biergartenwetter spätabends noch gearbeitet wird.

»Der Münchner« ist sowieso eine vom Aussterben bedrohte Spezies. Zwei Drittel der Einwohner sind »Zuagroaste«, oft Studenten, die nach dem Studium bleiben. Denn wo sonst in Deutschland kann man am Vormittag Skifahren und am Nachmittag auf der Eisbachwelle surfen?

Münchens Vielfalt wird oft unterschätzt. Und die Münchner sagen: »Das ist gut so.« Denn ohnehin platzt die Stadt aus allen Nähten. Und damit sind wir beim nördlichen Umland Münchens, dessen Entwicklung eng an die Landeshauptstadt geknüpft ist. Lange Zeit lagen die Städte dort im Schatten der nahen Großstadt. Das änderte sich 1992 mit der Eröffnung des Flughafens im Erdinger Moos. Der Norden wurde zum gefragten Wohnquartier und zum Speckgürtel Münchens. Den hübschen Orten gelang es aber, ihren Charme sowie den Charakter zu wahren. Auch der Norden des Regierungsbezirks ist mit seinen Sehenswürdigkeiten, Kunstschätzen und ursprünglichen Landschaften eine Erkundungstour wert.

In diesem Kapitel:

ADAC Top Tipps:

ADAC Empfehlungen:

1 München

Kultur, Genuss und eine Prise italienische Lässigkeit

Der Viktualienmarkt findet seit 1807 täglich außer sonn- und feiertags statt

Information

- Touristen Information im Rathaus, Marienplatz 8, 80331 München, Tel. 089/ 23 39 65 00, www.muenchen.de
- Parken siehe S. 25

Mit rund 1,5 Millionen Einwohnern ist München die bevölkerungsreichste Stadt Bayerns. Eine Metropole, die an vielen Stellen der Altstadt geradezu märchenhaft schön ist. Und wenn der berühmte Föhn bläst, ein Fallwind aus den Bergen, rücken die Alpen optisch dicht an die Stadt heran und scheinen zum Greifen nah. Ein einzigartiges Kribbeln liegt dann in der Luft.

Die Sehenswürdigkeiten Münchens sind unzählig. Über 70 Museen gibt es, ein ganzes Museums-Quartier, prächtige Schlösser und Kirchen, repräsentative Plätze, den Englischen Garten, den Viktualienmarkt und natürlich jede Menge urige Wirtshäuser. Auch als Einkaufsstadt mit stolzen Traditionsgeschäften hat die bayerische Landeshauptstadt einen exzellenten Ruf.

Jedes Jahr im September herrscht für zwei Wochen der Ausnahmezustand. Etwa sechs Millionen Besucher fallen dann zum Oktoberfest in die Stadt ein und feiern bierselig das größte Volksfest der Welt. So manche Einheimische sind allerdings auch froh,

wenn der Rummel vorbei ist und »ihr München« wieder ihnen und dem üblichen Strom an Touristen gehört. Der Zauber Münchens? Vielleicht, dass es »a bisserl« lässiger zugeht als in anderen deutschen Städten. Das nahe und geliebte Italien prägt die Stadt. Und »bella figura« zu machen, das ist den Münchnern schon sehr wichtig. Wer also die Stadt und ihre Mentalität intensiv kennenlernen möchte, sollte sich in ein Café oder einen Biergarten setzen und einfach die Szenerie auf sich wirken lassen. Das ist oft noch interessanter als jede Folge der vom Bayerischen Rundfunk ausgestrahlten Serie »Dahoam is Dahoam«.

Plan S. 20/21

Innenstadt

Vom Marienplatz bis zur Frauenkirche – ein Rundgang im Herzen der Stadt

Besonders angenehm an München ist, dass viele der Sehenswürdigkeiten nah beieinander liegen. Man kann sich gut an den Türmen des »Alten Peters«, der Theatiner- sowie der Frauenkirche orientieren, die das Zentrum überragen. Geprägt wird die Innenstadt auch von der mächtigen Residenz, dem Stadtschloss der Wittelsbacher.

Sehenswert

1 Marienplatz

| Platz |

Gute Stube, Treffpunkt und das Herz Münchens. Dominiert wird der Marien-

ADAC Mobil

Der öffentliche **Nahverkehr** ist in München gut ausgebaut. Es gibt acht U-Bahn-, sieben S-Bahn- und zahlreiche Bus- und Tramlinien. Auskünfte zu Fahrplan und Preisen erhält man auf der Webseite des Münchner Verkehrsverbunds: www.mvv-muenchen.de. Es gibt auch eine MVV-App zum kostenlosen Herunterladen auf das Smartphone. Wer mit dem Pkw unterwegs ist und die verkehrsreiche Innenstadt meiden will, kann unter verschiedenen **Park and Ride Parkplätzen** wählen (www.parkundride.de) und auf öffentliche Verkehrsmittel umsteigen.

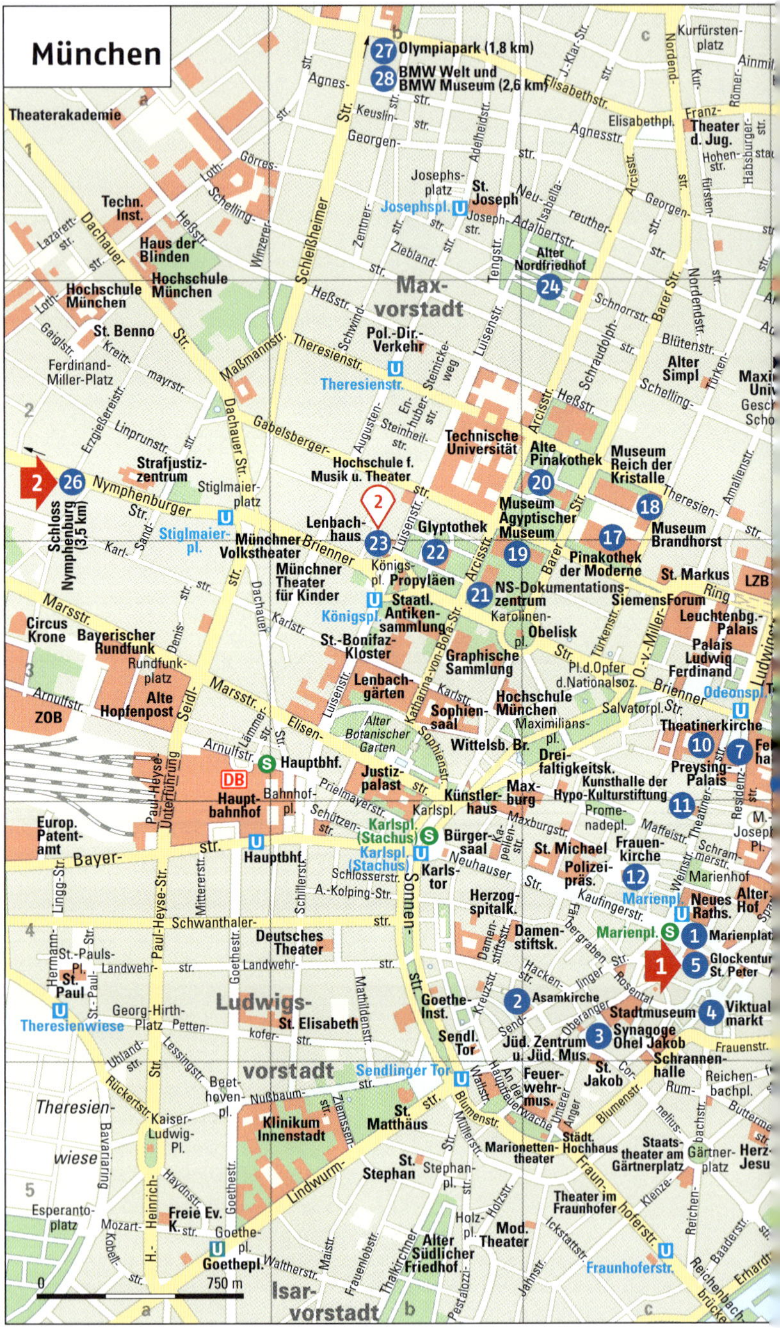
München
Theaterakademie
27 Olympiapark (1,8 km)
28 BMW Welt und BMW Museum (2,6 km)
Techn. Inst.
Haus der Blinden
Hochschule München
Hochschule München
St. Benno
Ferdinand-Miller-Platz
Josephsplatz
St. Joseph
Josephspl.
Alter Nordfriedhof
24
Max-vorstadt
Pol.-Dir.-Verkehr
Theresienstr.
Alter Simpl
Technische Universität
Alte Pinakothek
Museum Reich der Kristalle
20
18
Strafjustizzentrum
2
26
Schloss Nymphenburg (3,5 km)
Nymphenburger Str.
Stiglmaierplatz
Stiglmaierpl.
Hochschule f. Musik u. Theater
2
Lenbachhaus
23
Glyptothek
22
Museum Ägyptischer Kunst
19
17
Museum Brandhorst
Pinakothek der Moderne
St. Markus
LZB
Münchner Volkstheater
Münchner Theater für Kinder
Königspl.
Propyläen
21
NS-Dokumentationszentrum
SiemensForum
Staatl. Antikensammlung
Königspl.
Karolinenpl.
Obelisk
Leuchtenbg.-Palais
Palais Ludwig Ferdinand
Circus Krone
Bayerischer Rundfunk
Rundfunkplatz
St.-Bonifaz-Kloster
Graphische Sammlung
Pl.d.Opfer d.Nationalsoz.
Odeonspl.
ZOB
Alte Hopfenpost
Lenbachgärten
Alter Botanischer Garten
Sophiensaal
Hochschule München
Salvatorpl.
Maximilianspl.
Theatinerkirche
10
7
Hauptbhf.
Wittelsb. Br.
Dreifaltigkeitsk.
Preysing-Palais
Kunsthalle der Hypo-Kulturstiftung
11
DB
Hauptbahnhof
Bahnhofpl.
Justizpalast
Künstlerhaus
Maxburg
Promenadepl.
Europ. Patentamt
Karlspl. (Stachus)
Bürgersaal
St. Michael
Frauenkirche
Hauptbhf.
Karlspl. (Stachus)
Karlstor
Polizeipräs.
12
Marienpl.
Marienhof
Neues Raths.
Alter Hof
Herzogspitalk.
Marienpl.
1
Marienplatz
Deutsches Theater
Damenstiftsk.
1
5
Glockenturm St. Peter
St.-Pauls-Pl.
St. Paul
2
Asamkirche
Stadtmuseum
4
Viktualienmarkt
Theresienwiese
Georg-Hirth-Platz
Ludwigsvorstadt
St. Elisabeth
Goethe-Inst.
Sendl. Tor
Jüd. Zentrum u. Jüd. Mus.
3
Synagoge Ohel Jakob
Schrannenhalle
Sendlinger Tor
Feuerwehrmus.
St. Jakob
Reichenbachpl.
Theresienwiese
Kaiser-Ludwig-Pl.
Beethovenpl.
Klinikum Innenstadt
St. Matthäus
Marionettentheater
Städt. Hochhaus
Staatstheater am Gärtnerplatz
Gärtnerplatz
Herz-Jesu
St. Stephan
Stephanpl.
Theater im Fraunhofer
Esperantoplatz
Freie Ev. K.
Goethepl.
Alter Südlicher Friedhof
Holzpl.
Mod. Theater
Goethepl.
Fraunhoferstr.
0
750 m
Isarvorstadt

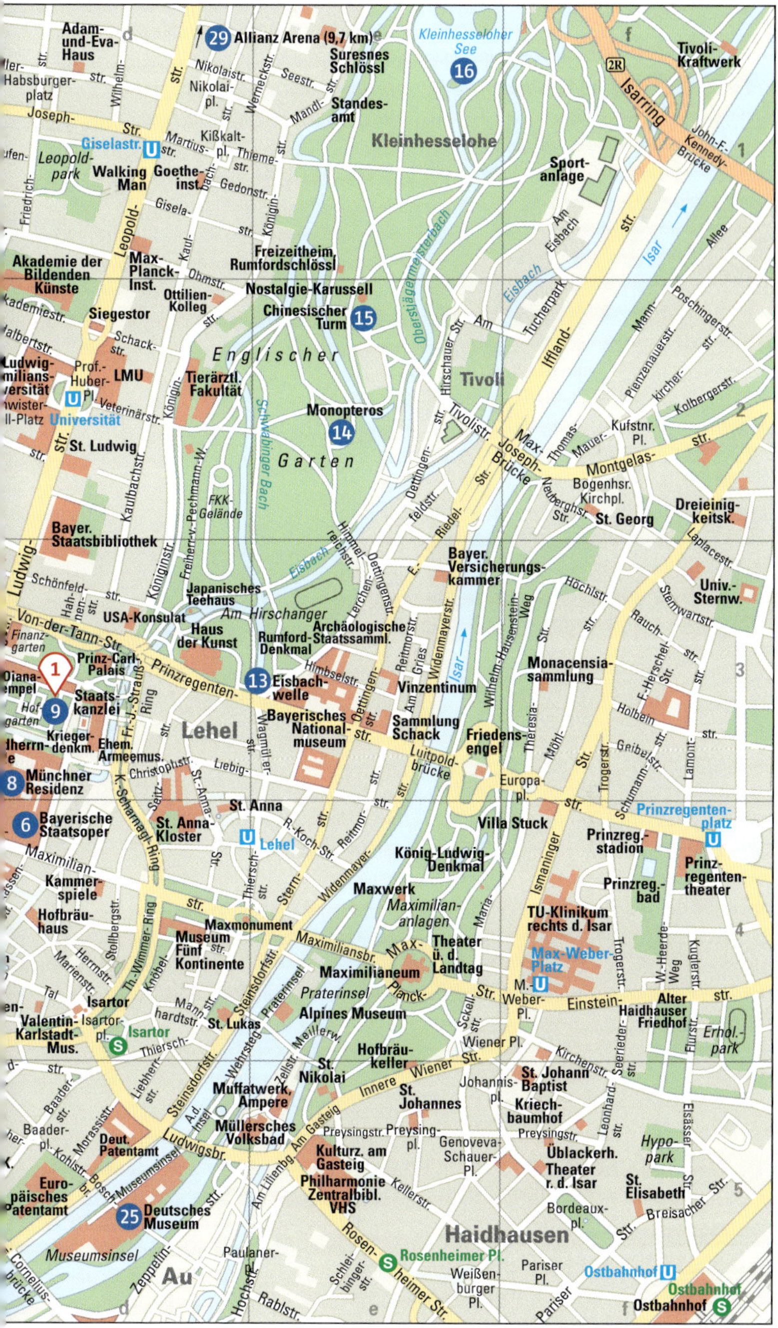

29 Allianz Arena (9,7 km)
Adam-und-Eva-Haus
Habsburgerplatz
Joseph-str.
Giselastr.
Leopoldpark
Walking Man
Goethe-inst.
Kißkaltpl.
Suresnes Schlössl
Standesamt
Kleinhesseloher See
16
Kleinhesselohe
Tivoli-Kraftwerk
Isarring
John-F.-Kennedy-Brücke
Sportanlage
Akademie der Bildenden Künste
Max-Planck-Inst.
Ottilien-Kolleg
Freizeitheim Rumfordschlössl
Nostalgie-Karussell
Chinesischer Turm
15
Siegestor
Englischer Garten
Prof.-Huber-Pl.
LMU
Tierärztl. Fakultät
Universität
St. Ludwig
Monopteros
14
Tivoli
Oberstjägermeisterbach
Schwabinger Bach
Eisbach
Isar
Max-Joseph-Brücke
Montgelas-str.
Kufstnr. Pl.
Bogenhsr. Kirchpl.
St. Georg
Dreieinigkeitsk.
FKK-Gelände
Bayer. Staatsbibliothek
Bayer. Versicherungskammer
Univ.-Sternw.
Japanisches Teehaus
Am Hirschanger
USA-Konsulat
Haus der Kunst
Archäologische Staatssamml.
Rumford-Denkmal
Prinz-Carl-Palais
Prinzregentenstr.
1
13 Eisbachwelle
Monacensiasammlung
9
Staatskanzlei
Lehel
Bayerisches Nationalmuseum
Vinzentinum
Sammlung Schack
Friedensengel
Krieger-denkm.
Ehem. Armeemus.
Luitpoldbrücke
Europapl.
8 Münchner Residenz
6 Bayerische Staatsoper
St. Anna
St. Anna-Kloster
Lehel
Villa Stuck
Prinzregentenplatz
Prinzreg.-stadion
König-Ludwig-Denkmal
Prinzreg.-bad
Prinzregententheater
Kammerspiele
Maxwerk
Maximiliananlagen
Hofbräuhaus
Maxmonument
Museum Fünf Kontinente
TU-Klinikum rechts d. Isar
Theater ü. d. Landtag
Maximilianeum
Max-Weber-Platz
Praterinsel
Isartor
Alpines Museum
Einsteinstr.
Alter Haidhauser Friedhof
Erhol.-park
Valentin-Karlstadt-Mus.
Isartor
St. Lukas
Hofbräukeller
Wiener Pl.
St. Nikolai
St. Johann Baptist
Muffatwerk, Ampere
St. Johannes
Kriechbaumhof
Müllersches Volksbad
Deut. Patentamt
Kulturz. am Gasteig
Philharmonie
Zentralbibl.
VHS
Üblackerh.
Theater r. d. Isar
Hypo-park
St. Elisabeth
Europäisches Patentamt
25 Deutsches Museum
Haidhausen
Museumsinsel
Rosenheimer Pl.
Au
Ostbahnhof
Ludwigsbr.
Corneliusbrücke
Rosenheimer Str.

Das Antiquarium in der Münchner Residenz barg einst antike Skulpturen

platz vom Neuen Rathaus im Stil der Neogotik. Das lockt bis zu dreimal täglich die Massen. Dann setzt sich das Glockenspiel im Turmerker mit 32 Figuren in Bewegung. Es zeigt zwei Ereignisse aus der Münchner Stadtgeschichte: die Hochzeit von Herzog Wilhelm V. mit Renate von Lothringen, anlässlich derer auf dem Marienplatz ein Reiterturnier stattfand, und den traditionellen Schäfflertanz.

■ Marienplatz 1, Glockenspiel: tgl. 11 und 12, im Sommer auch 17 Uhr

2 Asamkirche

| Kirche |

1733–46 von den Gebrüdern Asam errichtet, ist sie eine der bedeutendsten Kirchen des süddeutschen Spätbarocks. Ihre Opulenz ist atemberaubend. Die Kirche, deren Fassade in die Häuserflucht der Sendlinger Straße eingebunden ist, trägt den offiziellen Namen St. Johann Nepomuk, sie gilt als Höhepunkt des Kunstschaffens von Egid Quirin (1692–1750) und Cosmas Damian Asam (1686–1739). Besonders faszinierend ist im Kircheninneren die geschwungene Gestaltung des Hauptgesims, die eine wellenartige Bewegung vermittelt.

■ Sendlinger Str. 29, Mo–Do 7.30–18, Fr 12–18, Sa 8–18, So 8–15 Uhr

3 Synagoge Ohel Jakob

| Synagoge |

Der markante Bau der Synagoge erhebt sich auf einem 28 m hohen Sockel, der an die Klagemauer in Jerusalem erinnert. Der zeltartige Glasaufbau soll die 40 Jahre währende Wanderung der Juden durch die Wüste Sinai symbolisieren. Imposant ist auch das 6 m hohe Portal mit den ersten 10 Buchstaben des hebräischen Alphabets. Angeschlossen an die Synagoge ist das Jüdische Zentrum mit einem Museum und dem Restaurant Einstein.

■ Sankt-Jakobs-Platz 18, Tel. 089/ 202 40 01 00, www.ikg-m.de/juedisches-zentrum, Führungen s. Webseite, Voranmeldung mind. 10 Tage im Voraus

4 Viktualienmarkt

| Marktplatz |

Mit 22 000 Quadratmetern und mehr als 140 Händlern ist der 1807 gegründete Viktualienmarkt der größte Freiluftmarkt Deutschlands. Hier kaufen auch Profiköche. Das Angebot ist überwältigend, die Qualität hoch, die Preise aber meist auch. Die zahlreichen Verköstigungsstände sind ein beliebter Treffpunkt der Münchner.

■ Viktualienmarkt 3, Mo–Sa 8–18 Uhr

5 Glockenturm St. Peter

| Aussichtsturm |

1 *Einzigartiger Blick als Lohn für den schweißtreibenden Aufstieg*

Fit sollte man sein. Und schwindelfrei auch. 306 Stufen und ein abenteuerlicher Aufstieg führen zur schmalen Aussichtsplattform in 91 m Höhe des Glockenturms der Pfarrkirche St. Peter. Der »Alte Peter« wird der Turm liebevoll von den Münchnern genannt. Der Blick über die Altstadt, bei Föhn sogar bis zu den Alpen, ist sensationell.

■ Petersplatz 1, www.alterpeter.de, Sommer Mo–Fr 9–19.30, Sa, So ab 10, Winter tgl. 12–16.30 Uhr, Erw. 5 €, Kinder 2 €

6 Bayerische Staatsoper

| Nationaltheater |

Eines der besten Opernhäuser der Welt und mit 2100 Zuschauerplätzen das drittgrößte Europas. Auf Führungen kann man den Zuschauerraum, die mit modernster Technik ausgestattete Hinterbühne und den besonders beeindruckenden Königssaal kennenlernen. Die Münchner lieben es, sich im Sommer auf die Treppe des neoklassizistischen Baus zu setzen, und dem herausgeputzten Publikum beim abendlichen Defilee zuzugucken.

■ Max-Joseph-Platz 2, www.staatsoper.de, Zentraler Kartenverkauf: Marstallplatz 5, Tel. 089/21 85 19 20

7 Feldherrnhalle

| Baudenkmal |

Die klassizistische Loggia am südlichen Ende des Odeonsplatzes wurde 1841–44 von Friedrich von Gärtner gebaut. Der Monumentalbau ist der Loggia dei Lanzi in Florenz nachempfunden. Der bayerische und preußische Löwe am Treppenaufgang sind ein beliebtes Fotomotiv. Jeden Sommer dient das Gebäude aus Kelheimer Kalkstein als Bühne für zwei Klassikkonzerte unter freiem Himmel.

8 Münchner Residenz

| Stadtschloss |

Die Residenz war von 1508–1918 Wohn- und Regierungssitz der bayerischen Herzöge, Kurfürsten und Könige. Die prachtvolle Gestaltung im Stil der Renaissance, des Frühbarocks, Rokokos bis hin zum Klassizismus zeigt den Reichtum und Kunstsinn des Hauses Wittelsbach. 130 der Räume des größten Innenstadtschlosses Deutschlands können besichtigt werden, auch die Schatzkammer mit 1200 Exponaten.

■ Residenzstr. 1, www.residenz-muenchen.de, Residenzmuseum u. Schatzkammer: April–Mitte Okt. tgl. 9–18, sonst 10–17 Uhr, je 9 €, Kinder frei, kostenloser Audioguide, Führungen (s. Webseite)

ADAC Wussten Sie schon?

... dass die Münchner nicht anders können, als beim Vorbeigehen den **Löwen vor der Residenz** kurz über die Schnauze zu streicheln? Das soll Glück bringen. Der Hintergrund: Im Jahre 1848 machte sich ein Student über König Ludwig I. und sein Verhältnis zur Tänzerin Lola Montez lustig. Der König, außer sich vor Zorn, ließ den Studenten verhaften. Doch beim Gespräch mit ihm imponierte dem Regenten der Mut des jungen Mannes, und er sah von einer Bestrafung ab. Der Student, der sich schon im Kerker gesehen hatte, streichelte aus Erleichterung im Hinausgehen dem Löwen die Schnauze.

9 Hofgarten

| Parkanlage |

Zwischen Blumenrabatten Lustwandeln auf königlichen Spuren

Die barocke Parkanlage, an zwei Seiten von Arkaden begrenzt, ist eine wunderbare Oase inmitten der Stadt. Es wird Boccia gespielt und im 1615 entstandenen Dianatempel, dem Pavillon in der Gartenmitte, jeden Freitagabend Tango getanzt. Die Bänke rings um die blumengesäumten Beete sind bei Sonnenanbetern zu jeder Jahreszeit sehr begehrt.

■ Öffentlich zugängl., für Hunde herrscht Leinenpflicht

10 Theatinerkirche

| Kirche |

Die im Spätbarockstil erbaute und 1675 geweihte Stiftskirche ist mit ihrer leuchtend gelben Fassade und den beiden verspielten Kuppeln eines der Wahrzeichen der Stadt. Die Münchner lieben diese Kirche, die eigentlich St. Kajetan heißt. Im dreischiffigen Innenraum sticht die Kanzel hervor, ein 1690 entstandenes Meisterwerk des Bildhauers Andreas Faistenberger. In der Fürstengruft sind Mitglieder des Hauses Wittelsbach beigesetzt. An Sonn- und Feiertagen findet ein Lateinisches Hochamt statt.

■ Theatinerstr. 22/Odeonsplatz, www.theatinerkirche.de, Mo–Sa 7–19, So 8.15–19 Uhr

11 Kunsthalle der Hypo-Kulturstiftung

| Ausstellungshalle |

Die »Hypo-Kunsthalle«, wie sie von den Münchnern kurz genannt wird, liegt zentral in der Einkaufspassage Fünf Höfe. Gezeigt werden hier interessante Wechselausstellungen aus den Bereichen Malerei, Fotografie und Design, die jährlich bis zu 300 000 Besucher anlocken. Damit gehört die Kunsthalle zu den meistbesuchten Ausstellungshäusern Deutschlands.

■ Theatinerstr. 8, www.kunsthalle-muc.de, tgl. 10–20 Uhr, 15 €, Kinder 2 €

Zwischen Blumen und schattigen Bäumen lädt der Hofgarten zum Verweilen ein

12 Frauenkirche

| Kirche |

Mit seinen beiden von Hauben gekrönten Türmen ist der Dom »Zu Unserer Lieben Frau«, so der offizielle Name, das Wahrzeichen Münchens. Die Dimensionen des spätgotischen, im Jahr 1494 geweihten Backsteinbaus sind gewaltig. Die Länge beträgt 109 m, die Breite 40 m, das Kirchenschiff ist 37 m hoch. In der Eingangshalle gibt es im Boden einen Fußabdruck, den der Sage nach der Teufel höchstpersönlich hinterlassen hat.

■ Frauenplatz 12, www.muenchner-dom.de, Mo–Sa 8–20, So 9.30–20 Uhr

Parken

Direkt neben dem Viktualienmarkt bietet das **Parkhaus Schrannenhalle** 164 Parkplätze (Prälat-Zistl-Str. 3, 1 Std. 3,50 €, 24 Std. 30 €).

Restaurants

€ | **Gaststätte Fraunhofer** Das Gasthaus steht unter Denkmalschutz. Sehr urig und gemütlich, es gibt bayerische Spezialitäten. Angeschlossen ist ein kleines Theater. ■ Fraunhoferstr. 9, Tel. 089/26 64 60, www.fraunhofertheater.de, tgl. ab 17 Uhr, Plan S. 20/21 c5

€ | **Hofbräuhaus** Münchens Wirtshausklassiker. In der heutigen Form 1897 entstanden, bietet es Platz auf drei Ebenen. Jeden Tag gibt es bayerische Livemusik. ■ Am Platzl 9, Tel. 089/290 13 61 00, www.hofbraeuhaus.de, tgl. ab 11 Uhr, Plan S. 20/21 d4

€ | **Zum Augustiner** Traditionelles Wirtshaus im Jugendstil. Sehr gepflegt. ■ Neuhauser Str. 27, Tel. 089/23 18 32 57, www.augustiner-restaurant.com, tgl. ab 11 Uhr, Plan S. 20/21 b4

ADAC Mobil

Wer die Innenstadt mit einem **Bike-Taxi** erkunden möchte, sollte im Umfeld des Marienplatzes Ausschau nach den alternativen Transportmitteln halten. Bei spontaner Mitfahrt zahlt man für die Kurzstrecke ab 2 €, 3 Std. ab ca. 65 €.

€€ | **Brenner Grill** Einst war hier der Marstall, der Pferdestall der Residenz. Nun residiert in den Säulenhallen eines der angesagtesten Restaurants der Stadt. Nicht selten sieht man berühmte Fußballer oder Schauspieler. Sie alle genießen den exzellenten Service und die Fleischspezialitäten, die mitten im Raum am offenen Grill zubereitet werden. Im vorderen Teil gibt es ein Tagescafé. ■ Maximilianstr. 15, Tel. 089/452 28 80 (Reservierung notwendig), www.brennergrill.de, Mo–Sa ab 8.30, So ab 9.30 Uhr, Plan S. 20/21 d4

€€ | **Tambosi** Die Terrasse des Tambosi mit Blick auf den Odeonsplatz ist die schönste Münchens, der Gastgarten liegt direkt im Hofgarten. Es gibt einen schicken Barbereich. Ein beliebter Treffpunkt mit feiner Küche. ■ Odeonsplatz 18, Tel. 089/90 18 30 76, www.tambosi-odeonsplatz.de, tgl. ab 8 Uhr, Plan S. 20/21 c3

Cafés

Cafe Luitpold Eine Münchner Institution. Seit 1888 gibt es dieses Kaffeehaus, eines der letzten klassischen der Stadt. Serviert werden handgefertigte Confiserieprodukte und Küchenklassiker. ■ Brienner Str. 11, Tel. 089/242 87 50, www.cafe-luitpold.de, Mo–Sa 8–22, So, Fei 9–22 Uhr, Plan S. 20/21 c3

Im Blickpunkt

Das größte und bekannteste Volksfest der Welt

Das Oktoberfest wird seit 1810 gefeiert. Festplatz ist die Theresienwiese, gut 3 km vom Marienplatz entfernt. Anders als der Name vermuten lässt, fällt der größte Teil des Fests in den September. Die »Wiesn«, wie sie in Oberbayern genannt wird, beginnt am Samstag nach dem 15. September und dauert 16 bis 18 Tage. 150 Schaustellerbetriebe unterhalten die Besucher, 16 Großzelte und über 120 weitere Gastrobetriebe mit insgesamt 119 000 Plätzen sorgen für das leibliche Wohl. Die meisten Sitzplätze bietet mit 9991 das Hofbräu Festzelt. 2018 kamen 6,3 Millionen Besucher und tranken 7,5 Millionen Maß Bier. Seit 2010 gibt es die ruhigere, bei den Münchnern ebenfalls sehr beliebte »Oide Wiesn« (Alte Wiese). Hier zahlt man ab 15 Jahren 3 € Eintritt, die Fahrt in einem der nostalgischen Karussells kostet nur 1 €.

Café Frischhut Von den Münchnern wird dieses kleine Paradies am Viktualienmarkt »Schmalznudel« genannt. Denn genau die gibt's hier – in superber Qualität. ■ Prälat-Zistl-Str. 8, Tel. 089/26 02 31 56, Mo–Fr 7–18, Sa 5–17 Uhr, Plan S. 20/21 d4

Einkaufen

Hugendubel am Marienplatz Münchens beliebteste Buchhandlung mit umfangreichem Sortiment und Lounge-Bereichen zum Schmökern. ■ Marienplatz 22, Tel. 089/30 75 75 75, www.hugendubel.de, Plan S. 20/21 c4

Sport Schuster Das auf Berg-, Ski- und Outdoor-Sport spezialisierte Sporthaus ist in München eine Institution. 32 000 Produkte auf 5000 m². ■ Rosenstr. 3–5, Tel. 089/23 70 70, www.sport-schuster.de, Plan S. 20/21 c4

Kneipen, Bars und Clubs

Schumann's Deutschlands berühmteste Bar. Wer es schafft, hier einen Tisch zu bekommen, genießt erstklassige Drinks und ein Angebot an Tagesgerichten, das ebenso vorzüglich wie überraschend preiswert ist. Unbedingt reservieren! ■ Odeonsplatz 6–7, Tel. 089/22 90 60, www.schumanns.de, Mo–Fr ab 8, Sa, So ab 18 Uhr, Plan S. 20/21 c3

Entspannung

Blue Spa Luxuriöses Wellness-Refugium mit allen Annehmlichkeiten und traumhafter Lage über den Dächern Münchens. ■ Bayerischer Hof, Promenadeplatz 2–6, Tel. 089/212 00, www.bayerischerhof.de, Tageskarte 46,50 €, Abendkarte 35,50 €, rechtzeitig vorab reservieren, Plan S. 20/21 c3/4

Englischer Garten

Von der Eisbachwelle bis zum Chinesischen Turm – Münchens grüne Oase

Nicht selten trifft man im Englischen Garten auf Besucher, die sich in dessen Labyrinth an Wegen verlaufen haben. Denn der Park umfasst stolze 375 ha und ist damit einer der größten der Welt. Die beiden Hauptattraktionen Monopteros und Chinesischer Turm liegen aber nahe der Innenstadt.

Sehenswert

13 Eisbachwelle

| Surfspot |

Surfen auf dem Eisbach hat eine 40-jährige Tradition. Die Welle neben dem Haus der Kunst hat es inzwischen zu internationaler Berühmtheit geschafft und ist ein Zuschauermagnet. Bei jedem Wetter und zu jeder Jahreszeit zeigen hier Surfer ihre Künste. Im Sommer 2010 ist der Ritt auf der Welle legalisiert worden, allerdings gilt die Erlaubnis nur für geübte Surfer.

■ Eisbachbrücke rechts neben dem Haus der Kunst, Prinzregentenstr. 1

14 Monopteros

| Ziertempel |

Der 16 m hohe Rundtempel im klassizistisch-griechischen Stil wurde 1836 nach einem Entwurf von Leo von Klenze errichtet. Der Hügel, auf dem er im Englischen Garten steht, ist 15 m hoch und bietet eine schöne Sicht auf die Türme der Stadt. Berühmt wurde der Monopteros in den 1960er- und 1970er-Jahren als Treffpunkt der Hippies. Heute ist er in schneereichen Wintern ein beliebter Schlittenberg.

■ Etwa 200 m südl. vom Chinesischen Turm

Der »Chinaturm« ist beliebt bei Jung und Alt, Münchnern und Touristen

15 Chinesischer Turm

| Turm |

Das Original des 25 m hohen Holzbaus im Stil der Majolikapagode in Peking wurde 1792 als Aussichtsturm in Dienst gestellt. Im Zweiten Weltkrieg brannte der Chinaturm ab. Die Rekonstruktion von 1952 dürfen nur Blaskapellen besteigen, die den umliegenden Biergarten mit Volksmusik beschallen. Jährlich am dritten Juli-Sonntag wird rund um den Turm um 6 Uhr morgens der Kocherlball veranstaltet, zu dem bis zu 15 000 Besucher strömen. Benannt ist das Event nach den Köchen, Mägden und Dienern, die sich hier einst an Sommersonntagen vor Dienstbeginn zum Tanzen trafen. In der Weihnachtszeit findet ein bilderbuchreifer Christkindlmarkt statt.

■ Englischer Garten 3

Pinakothek der Moderne: Die Designabteilung zeigt mehr als 100 000 Exponate

16 Kleinhesseloher See

| See |

Klein ist er wirklich, mit einem Umfang von gerade mal 1,3 km. Aber trotzdem ist der See als Ziel für einen Spaziergang durch den Englischen Garten sehr beliebt. Man kann auch Ruderboote leihen. Und an seinem Ufer gibt es einen schönen Biergarten und das Seehaus, ein schickes Restaurant. Getrübt wird die Idylle etwas durch den Verkehrslärm des nahen Mittleren Rings. Aber ein Tunnel ist geplant.

■ Kleinhesselohe 3

Verkehrsmittel

Um zum Englischen Garten zu gelangen, nimmt man entweder die **Buslinie 100** und fährt bis zur Haltestelle Nationalmuseum/Haus der Kunst – hier befindet man sich direkt an der Eisbachwelle – oder man fährt mit den **U-Bahnlinien U3** oder **U6**, steigt an der Haltestelle Universität aus und geht noch ca. 5 Min. zu Fuß.

Restaurants

€ | **Fräulein Grüneis** Das charmante Imbisshäuschen am Eingang des Englischen Gartens bietet leckere Tagesgerichte, kleine Snacks aus Bioprodukten und selbst gemachte Kuchen.
■ Lerchenfeldstr. 1a, Tel. 089/23 03 26 70, www.fraeulein-grueneis.de, Mo–Fr ab 8, Sa, So ab 10 Uhr, Plan S. 20/21 e3

Kunstareal

Von den Pinakotheken zum Lenbachhaus – ein Viertel, gewidmet der Kunst

Die Historie als Kunstzentrum reicht bis zum Beginn des 19. Jh. und den Bau der Glyptothek zurück. Die Massierung von Kunst und Kultur in diesem Teil der Maxvorstadt ist beeindruckend. Es gibt 16 bedeutende Museen sowie Ausstellungsgebäude und dazu im Umfeld rund 40 Galerien.

Sehenswert

17 Pinakothek der Moderne

| Museum |

Allein schon der Bau des Architekten Stephan Braunfels ist in seiner modernen und offenen Gestaltung sehenswert. Schwerpunkt ist die Kunst des 20. und 21. Jh. mit Werken, die von Joseph Beuys über Georg Baselitz bis hin zu Neo Rauch reichen. Ebenfalls eindrucksvoll: die integrierte »Neue Sammlung«. Sie ist die größte Industriedesign-Sammlung weltweit.

■ Barer Str. 40, www.pinakothek.de, Di, Mi, Fr–So 10–18, Do 10–20 Uhr, 10 €, erm. 7 €, Kinder frei

18 Museum Brandhorst

| Museum |

Die Außenfassade des 2009 eröffneten Museums ist mit ihren 36 000 bunten Keramikstäben unübersehbar. Innen ist wegweisende Kunst des 20. und 21. Jh. aus der Sammlung von Udo und Anette Brandhorst zu bestaunen. Dem Künstler Cy Twombly ist eine ganze Etage gewidmet. Weitere berühmte Namen, denen man im Museum begegnet: Andy Warhol, Sigmar Polke, Bruce Naumann und Damien Hirst.

■ Theresienstr. 35a, www.museum-brandhorst.de, Di, Mi, Fr–So 10–18, Do 10–20 Uhr, 7 €, erm. 5 €, Kinder frei

19 Museum Ägyptischer Kunst

| Museum |

In dem markanten Gebäude ist auch die Hochschule für Fernsehen und Film untergebracht. Das Museum liegt komplett unterirdisch. Auf 1800 m² bekommen die Besucher einen Überblick über 5000 Jahre ägyptischer Geschichte und Kultur. Dazu gibt es Sonderausstellungen. Angeboten werden auch Familienführungen mit Bastelmöglichkeiten für die Kinder.

■ Gabelsbergerstr. 35, www.smaek.de, Di 10–20, Mi–So 10–18 Uhr, 7 €, erm. 5 €, Kinder frei

20 Alte Pinakothek

| Museum |

Seit der Eröffnung im Jahre 1836 ist die Alte Pinakothek eine der bedeutendsten Gemäldesammlungen der Welt und zeigt Gemälde vom Mittelalter bis hin zur Mitte des 18. Jh. In den 19 Sälen und 47 Kabinetten sind mehr als 700 Werke ständig ausgestellt, darunter von so berühmten Künstlern wie Leonardo da Vinci, Tizian, Albrecht Dürer und Peter Paul Rubens.

■ Barerstr. 27, www.pinakothek.de, Di 10–20, Mi–So 10–18 Uhr, 7 €, erm. 5 €, Kinder frei

21 NS-Dokumentationszentrum

| Erinnerungsort |

Das Zentrum wurde im Jahr 2015 am ehemaligen Standort des »Braunen Hauses«, der NSDAP-Parteizentrale, eröffnet. Die Ausstellung im markanten Kubus dient der Auseinandersetzung mit der Geschichte und den Folgen des NS-Regimes. Ein wichtiger Bestandteil der Dokumentation ist Münchens Rolle ab 1935 bis zum Ende des Zweiten Weltkriegs als »Hauptstadt der Bewegung«.

■ Max-Mannheimer-Platz 1, www.ns-dokuzentrum-muenchen.de, Di–So 10–19 Uhr, wenn Mo Feiertag geöffnet, Eintritt frei

22 Glyptothek

| Museum |

Münchens ältestes Museum wurde 1816–30 nach den Plänen von Leo von Klenze am Königsplatz errichtet. Es ist das einzige weltweit, das ausschließlich antiken Skulpturen gewidmet ist.

ADAC Spartipp

Am Wochenende ins Museum? Unbedingt, denn **sonntags** kostet der Eintritt in das Museum Brandhorst, die Pinakothek der Moderne, die Alte Pinakothek und das Museum Ägyptischer Kunst jeweils nur 1 €.

ADAC Mittendrin

Das italienisch geprägte **Café** im Atrium der Glyptothek ist ein Hort fern aller Hektik, den man so schnell nicht mehr verlassen möchte. Auch an schönen Wintertagen, die in München ja nicht selten sind, kann man dort windgeschützt Sonne und Kultur tanken.
Königsplatz 3, Tel. 089/39 29 50 04, www.antike-am-koenigsplatz.mvn.de, Di, Mi, Fr–So 10–17, Do 10–20 Uhr, Tageskarte Café (ohne Museumsbesuch) 1 €, Plan S. 20/21 b2

Die Magie der griechischen und römischen Statuen, Köpfe und Torsi ist einfach unwiderstehlich. Das ist auch das lärm- und windgeschützte Café im Innenhof, eines der schönsten der Stadt.

■ Königsplatz 3, www.antike-am-koenigsplatz.mwn.de, Di, Mi, Fr–So 10–17, Do 10–20 Uhr,, Kombiticket (mit Antikensammlung) 6 €, erm. 4 €, Kinder frei

23 Lenbachhaus

| Museum |

2 *Ein Kleinod, in dem man Tage verbringen möchte*

Das Kunstmuseum ist im Lenbachpalais, der denkmalgeschützten Villa des Malerfürsten Franz von Lenbach, untergebracht. Einige Räume sind im Originalzustand erhalten. Der im Jahr 2013 eröffnete Erweiterungsbau von Stararchitekt Norman Foster, ein golden glänzender Kubus, ist auch von außen spektakulär. Hauptattraktion sind die Werke der Künstlergruppe »Der Blaue Reiter«.

■ Luisenstr. 33, www.lenbachhaus.de, Di, Mi, Fr–So 10–18, Do 10–20 Uhr, 8 €, erm. 4 €, Kinder frei

24 Alter Nordfriedhof

| Friedhof |

Die ältesten Gräber stammen von 1868. Zu den imposantesten gehören die Grabstätte im Jugendstil von Lothar von Faber aus der Bleistift-Dynastie oder der blumenstreuende Engel am Grab des Südtiroler Künstlers Franz Jakob von Defregger. Seit 1939 gibt es keine Bestattungen mehr, und heute ist der Friedhof ein beliebter Rückzugsraum zum Lesen und Tagträumen.

■ Arcisstr. 45, Anfahrt: U-Bahn U2, U8, Haltestelle Josephsplatz, rund um die Uhr geöffnet und frei zugängl.

Verkehrsmittel

Das Kunstareal erreicht man mit den **Trambahnlinien** 27 oder 28, man fährt bis zur Haltestelle Pinakotheken. Alternativ nimmt man die **U-Bahnlinien** U1, U2 oder U8 und steigt an der Haltestelle Königsplatz aus.

Kneipen, Bars und Clubs

Rote Sonne Der kleine und puristisch gehaltene Club hat einen legendären Ruf. Hier legen international angesagte DJs auf, und es gibt auch Live-Acts. ■ Maximiliansplatz 5, Tel. 089/55 26 33 30, www.rote-sonne.com, Plan S. 20/21 c3

Außerhalb der Innenstadt

Vom Deutschen Museum über Schloss Nymphenburg bis zur Allianz Arena

Wer etwas mehr Zeit zur Verfügung hat, um München zu erkunden, sollte auch Ausflüge zu Sehenswürdigkeiten abseits des Zentrums unternehmen. Es gibt einige sehr lohnenswerte Ziele.

Und das Gute: Die Wege sind kurz. Münchens Stadtfläche misst weniger als die Hälfte von Hamburg und nur ein Drittel von Berlin.

25 Deutsches Museum

| Museum |

Das größte und bedeutendste Technikmuseum der Welt wurde 1925 eröffnet. Unter dem Motto »Naturwissenschaft und Technik hautnah erleben« sind rund 28 000 Objekte zu sehen und oft auch interaktiv zu erleben. Erklärtes Ziel ist es, auch Laien in verständlicher Weise naturwissenschaftliche und technische Erkenntnisse nahezubringen. Und das gelingt!

■ Museumsinsel 1, Anfahrt: S-Bahnlinien S1–S4, S6–S8, Haltestelle Isartor, ca. 5 Min. Fußweg zum Museum, www.deutsches-museum.de, tgl. 9–17 Uhr, Erw. 14 €, Kinder und Jugendliche 4,50 €

26 Schloss Nymphenburg

| Schloss |

2 *Eines der größten und schönsten Königsschlösser Europas*

Seine Spannweite von einem Flügelende zum anderen übertrifft mit 632 m sogar Schloss Versailles: Schloss Nymphenburg wurde 1664 vom Kurfürsten Ferdinand Maria als Geschenk an seine Frau in Auftrag gegeben, nachdem sie ihm mit Max Emanuel den lange ersehnten Thronerben geboren hatte. Angeschlossen war zunächst ein kleiner Garten im italienischen Stil. Dieser wurde 1701–04 im Stil des französischen Barocks umgestaltet. 1804 begann die Schaffung eines Landschaftsparks nach englischem Vorbild mit kleinen Bachläufen, Kaskaden und Brücken, weit verzweigten Wegen und künstlichen Seen. Das Schloss beherbergt das Marstall-Museum, ein Por-

Im Steinernen Saal in Schloss Nymphenburg tummelten sich die fürstlichen Gäste

Im Blickpunkt

Biergärten prägen den Zauber Münchens

Ihr Biergarten, der ist den Münchnern heilig. Jawohl. So kam es 1995 sogar zur Biergartenrevolution. Der Bayerische Verwaltungsgerichtshof hatte sich angemaßt, die Sperrstunde in der Waldwirtschaft, von den Münchnern liebevoll »Wawi« genannt, wegen Lärmbelästigung der Anwohner auf 21.30 Uhr vorzuziehen. 25 000 Bürger schäumten über und gingen auf die Straße. Mit Erfolg. Bereits eine Woche später erließ die Bayerische Staatsregierung eine Biergartenverordnung, in der die Sperrstunde auf 23 Uhr festgeschrieben wurde.
Die Biergartenkultur, um die sie der Rest der Republik so sehr beneidet, die lassen sich die Münchner nicht nehmen. Und eine Kultur ist es wirklich. Mit traditionellen Spielregeln. So ist das Mitbringen von Speisen ausdrücklich erlaubt. Zur Brotzeit gehört auf jeden Fall ein in feine Scheiben geschnittener »Radi«, also Rettich. Beliebt sind auch selbstgemachter Wurstsalat, Kartoffelsalat und Schwarzgeräuchertes. Die Riesenbrezn wiederum kauft man wie das Bier am Standl. Denn: Im klassischen Biergarten herrscht Selbstbedienung.
Biergärten gelten auch als Begegnungsstätte über alle sozialen Grenzen hinweg. Das stimmt grundsätzlich. Aber man fragt trotzdem höflich, ob man sich an einen Tisch dazusetzen darf. Und: Genuss heißt nicht Redefluss. Der Oberbayer schätzt auch die Gesprächspausen, die Poesie des Ungesagten.
Zum Biergarten gehören auf jeden Fall Kastanien. Das hat mit der Geschichte zu tun. Die Biergärten entstanden im 19. Jh., als hauptsächlich untergäriges Bier getrunken wurde. Das musste kühl gelagert werden, um nicht zu verderben. So legten die Bierbrauer Keller an, in denen das Bier im Sommer mit Eis kühl gehalten wurde. Um die Temperatur der Lager zu senken, wurden über den Kellern Kastanien angepflanzt, die Schatten warfen.
Soweit die Theorie. Aber am schönsten ist es, die einzigartige Münchner Biergartenatmosphäre einfach mal praktisch zu erspüren. Also dann: Prost!

Augustiner Keller
Mitten in der Stadt gelegen, gemütlich, bei Einheimischen sehr beliebt.
Arnulfstr. 52, www.augustinerkeller.de

Löwenbräukeller
Seit 130 Jahren gehört der Biergarten zu den beliebtesten der Stadt.
Nymphenburgerstr. 2, www.loewenbraeukeller.com

Biergarten am Chinesischen Turm
Der bekannteste Münchner Biergarten. Und auch einer der schönsten.
Engl. Garten 3, www.chinaturm.de

Aumeister
Eine Oase im Englischen Garten. Sehr gepflegt und kinderfreundlich.
Sondermeierstr.1, www.aumeister.de,

Seehaus Biergarten
Kleinerer Biergarten mit Geheimtipp-Faktor. Idyllisch am Kleinhesseloher See im Englischen Garten.
Kleinhesselohe 3, www.kuffler.de

Königlicher Hirschgarten
Der größte Biergarten Münchens, in Nymphenburg. Authentisch, lässig.
Hirschgarten 1, www.hirschgarten.de

zellanmuseum und das Museum Mensch und Natur, das vor allem bei Familien mit Kindern beliebt ist.

■ Anfahrt: Trambahnlinie 17, Haltestelle Schloss Nymphenburg, www.schloss-nymphenburg.de, April–Mitte Okt. tgl. 9–18, sonst 10–16 Uhr, April–Mitte Okt. 8 €, erm. 7 €, Kinder frei

27 Olympiapark

| Park |

Das weitläufige Gelände, auf dem 1972 die Olympischen Sommerspiele stattfanden, ist heute ein beliebter und stark frequentierter Park. Einen besonders schönen Überblick bietet der 60 m hohe Olympiaberg, der höchste »Berg« Münchens, der im Winter den Rodlern gehört. Wen es noch weiter hinaufzieht, der fährt mit dem Aufzug auf den 291 m hohen Olympiaturm. Auch das berühmte Olympiastadion, lange Jahre Spielstätte des FC Bayern, kann besichtigt werden. Und das weltbekannte, fast 75 000 m² große Zeltdach darf man im Rahmen einer geführten Tour sogar besteigen.

■ Anfahrt: U-Bahnlinie U3, Haltestelle Olympiazentrum, ca. 10 Min. Fußweg zum Olympiapark, Tel. 089/306 70, www.olympiapark.de

28 BMW Welt und BMW Museum

| Museum |

Die BMW Welt ist eine an das Auslieferungszentrum angeschlossene Ausstellungs-, Event- und Museumsstätte. 2007 eröffnet, ist sie die meistbesuchte Touristenattraktion Bayerns. Integriert ist das architektonisch kühne Restaurant EssZimmer im dritten Obergeschoss. Das benachbarte BMW Museum in markanter 4-Zylinder-Form dokumentiert die technische Entwicklung von BMW. Zu sehen sind Serienfahrzeuge aller Epochen, Prototypen, Motorräder und Flugzeuge.

■ www.bmw-welt.com, Anfahrt: U-Bahnlinie U3, Haltestelle Olympiazentrum, ca. 5 Min. Fußweg, BMW Welt: Am Olympiapark 1, Mo–Sa 7.30–24, So ab 9 Uhr, Eintritt frei, BMW Museum: Am Olympiapark 2, Di–So 10–18 Uhr, 10 €, Kinder 7 €

29 Allianz Arena

| Fußballstadion |

Das 2005 fertiggestellte Stadion im Norden Münchens ist architektonisch einzigartig. Die gesamte Außenhaut besteht aus Luftkissen, die farbig beleuchtet werden können. Seit 2017 ist die 75 021 Zuschauer fassende Arena alleinige Heimat des FC Bayern München, nachdem der Mietvertrag mit dem TSV 1860 München nicht mehr verlängert wurde. Es gibt regelmäßige Touren durch die Arena mit einem Blick hinter die Kulissen.

■ Werner-Heisenberg-Allee 25, www.allianz-arena.com, Anfahrt: U-Bahnlinie U6, Haltestelle Fröttmaning, ca 15 Min. Fußweg, tgl. 10–18, Juli, Aug. ab 9 Uhr, Arena Tour + FC Bayern Erlebniswelt 19 €, Kinder (6–13 J.) 11 €

Kinder

Wildpark Poing Der Ausflug ins 20 km vom Stadtzentrum entfernte Poing lohnt sich. Auf dem Rundgang kann man eine Vielzahl von einheimischen Tierarten zum Teil hautnah erleben. Außerdem gibt es einen großen, bestens ausgestatteten Spielplatz. ■ Osterfeldweg 20, Poing, www.wildpark-poing.de, Anfahrt: S-Bahnlinie S2, Haltestelle Poing, rund 15 Min. Fußweg, April–Nov. 9–17, Nov.–März 9–16 Uhr, 10 €, Kinder 6,50 €

2 Dachau

Malerisch schön und umgeben von idyllischer Landschaft

Information

■ Tourist Information Dachau, Konrad-Adenauer-Str. 1, 85221 Dachau, Tel. 08131/752 86, www.dachau.de

Die Altstadt von Dachau mit historischen Häusern und kleinen Gassen liegt auf einem Hügel am Rande des Dachauer Mooses, rund 20 km nördlich von München. Am höchsten Punkt thront Schloss Dachau. Von dessen Barockgarten reicht der Blick bis nach München. Und an klaren Tagen sind auch die Alpen zu sehen. Zu Beginn des 20. Jh. entdeckten Maler wie Max Liebermann, Lovis Corinth, Max Slevogt und Emil Nolde Dachau für sich und gründeten hier eine Künstlerkolonie. Das Umland bot für ihre Freilichtmalerei jede Menge idyllische Motive.

Sehenswert

Schloss Dachau

| Schloss |

Das Dachauer Schloss war lange Zeit die bevorzugte Sommerresidenz der Wittelsbacher. Aus einer ehemaligen mittelalterlichen Burg entstand im 16. Jh. das Renaissanceschloss. Aus dieser Zeit stammt die prunkvolle Holzdecke im Festsaal, eine der bedeutendsten in Süddeutschland. Sehenswert ist auch der Hofgarten mit einem Laubengang aus Lindenbäumen und drei Pavillons. Im Schloss gibt es ein vorzügliches Café-Restaurant.

■ Schlossstr.7, www.dachau.de/schloss, April–Sept. Di–So 9–18, Okt.–März Di–So 10–16 Uhr, 2 €, erm. 1 €, Kinder frei

KZ-Gedenkstätte

| Historischer Ort |

1933 wurde in Dachau ein Konzentrationslager für politische Gefangene erbaut. In den zwölf Jahren des Bestehens waren hier und in Außen-

Wider das Vergessen: Die KZ-Gedenkstätte im früheren Konzentrationslager Dachau

lagern mehr als 200 000 Menschen inhaftiert, 41 500 von ihnen wurden ermordet. Am 29. April 1945 befreiten amerikanische Truppen die Überlebenden. Im Jahr 1965 wurde im erhalten gebliebenen Wirtschaftsgebäude des Lagers eine Gedenkstätte errichtet, die heute jährlich über 800 000 Menschen aus aller Welt besuchen.

■ Alte Römerstr. 75, www.kz-gedenkstaette-dachau.de, Eintritt frei

Gemäldegalerie

| Museum |

Carl Spitzweg, Max Liebermann und Lovis Corinth, nur einige berühmte Namen, denen man hier begegnet. Die Gemäldegalerie zeigt über 200 Gemälde und einige Skulpturen. Und sie dokumentiert die Geschichte der Künstlerkolonie Dachau von den Anfängen Mitte des 19. bis ins 20. Jh. Die eigenen Bestände sind mit Leihgaben großer Münchner Sammlungen ergänzt.

■ Konrad-Adenauer-Str. 3, www.dachauer-galerien-museen.de, Di–Fr 11–17, Sa, So 13–17 Uhr, 5 €, Kinder 3 €

Restaurants

€€ | Weinraum Ein kleines und sympathisches Restaurant, das bei den Einheimischen sehr beliebt ist. Als Begleitung der gehobenen Küche sind interessante Weine im Angebot. ■ Klosterstr. 1a, Tel. 08131/318 38 74, www.weinraum-dachau.de, So, Mo geschlossen

In der Umgebung

Klosterkirche St. Alto

| Kirche |

Das Kloster wurde 2017 aufgelöst, die Klosterkirche, eines der schönsten Rokoko-Gotteshäuser Bayerns, ist weiterhin zu besichtigen. Die Kirchenbänke stammen noch aus der Erbauungszeit und besitzen an den Enden kunstvoll geschnitzte Rocaillewangen. Eine Besonderheit: Direkt unter dem Altar entspringt die Alto-Quelle, ihr Quellwasser wird in der Lourdes-Grotte in einem Becken gesammelt.

■ St.-Birgittenhof 9, Altomünster

Restaurants

€ | Brauereigasthof Maierbräu Der Gasthof am Marktplatz von Altomünster steht unter Denkmalschutz. Tische, Bänke und Stühle der urigen Stuben stammen noch aus den 1930er-Jahren. Auf der Speisekarte steht Deftiges, das hauseigene Maierbräu-Bier kommt frisch aus dem Lagerkeller. ■ Marktplatz 2, Altomünster, Tel. 08254/12 79, www.maierbraeu.de, Mi geschl.

€€ | Schlosswirtschaft Mariabrunn Neben der berühmten und sehenswerten Wallfahrtskirche Maria Verkündigung in Röhrmoos liegt unter Kastanien ein romantischer Biergarten wie aus dem Bilderbuch. Die daran anschließende, traditionsreiche Schlosswirtschaft mit Kachelofen ist eines der behaglichsten, schönsten und besten Wirtshäuser der Region. ■ Mariabrunn 3, Röhrmoos, Tel. 08139/86 63, www.mariabrunn.de, Mo–Mi geschl.

Einkaufen

Dr. Schultes Apotheke Peter Schultes stellt uralte Hausmittel, Cremes, Seifen und Duftwasser her. Und auch die legendäre Weihrauchsalbe, entwickelt im Kloster von Altomünster, wird hier verkauft. ■ Bahnhofstr. 8, Altomünster, Tel. 08254/997 80, www.drschultes-apotheke.de

Im Blickpunkt

Eine kleine, oberbayerische Bierkunde

Drei Biersorten sind typisch für Oberbayern: Helles, Dunkles und Weißbier, mancherorts auch Weizen genannt.
Helles Bier hat einen Alkoholgehalt zwischen 4,6 und 5,6 Prozent. Das Bier ist weniger stark gehopft und schmeckt deshalb ein wenig süß. Es ist blank gefiltert und meist von hellgelber Farbe, daher der Name.
Dunkles Bier ist untergärig gebraut und hat einen Alkoholanteil zwischen 4,6 und 5,6 Prozent. Es wird unter Verwendung von mindestens 30 Prozent dunklem Malz hergestellt, das die Farbe und auch den runden, süßlichen Geschmack prägt.
Weißbier wird aus Weizen gebraut. Der Alkoholgehalt liegt bei 5 bis 6 Prozent. Lange Zeit gab es ausschließlich »Weißes Bier«, da man nur mit obergärigen Hefen auch im warmen Sommer Bier brauen konnte.

3 Freising

Hier treffen Kultur und Kunst auf Genuss und Gemütlichkeit

Information

■ Touristinformation Freising, Marienplatz 7, 85354 Freising, Tel. 08161/544 41 11, www.freising.de

Freising ist vielleicht nicht so bekannt wie andere oberbayerische Orte. Aber die Altstadt mit dem Domberg gehört zu den schönsten Ensembles der Region. Die Bayerische Denkmalliste verzeichnet mehr als 250 denkmalgeschützte Bauwerke. Neben Kunst und Kultur ist Freising auch eine angenehme Einkaufsstadt. Und in den zahlreichen Cafés und Gaststätten kommt der Genuss nicht zu kurz.

Sehenswert

Freisinger Dom

| Kirche |

Umgangssprachlich wird der 1205 geweihte Dom St. Maria und St. Korbinian »Mariendom« genannt. Drei der vielen wunderbaren Details sind das Stuckwerk der Gebrüder Asam, der Hochaltar mit einer Kopie des Marien-Motivs, das ursprünglich von Peter Paul Rubens stammt, sowie die meisterliche Schnitzkunst des gotischen, über 500 Jahre alten Chorgestühls.

■ Domberg 36, www.freisinger-dom.de, Sommer tgl. 8–18, Do ab 14, Winter tgl. 8–17, Do ab 14 Uhr

Brauerei Weihenstephan

| Brauerei |

Weihenstephan ist ein Ortsteil von Freising, benannt nach der Abtei auf einem Hügel im Westen der Stadt. Vor fast 1000 Jahren begannen die Benediktinermönche hier mit dem Bierbrauen. Damit ist die Brauerei, die sich heute im Besitz des Freistaats befindet, die älteste der Welt. Eine Besichtigung gibt Einblicke in die Historie, zeigt aber auch einen Betrieb, der heute nach den neuesten wissenschaftlichen Erkenntnissen geführt wird.

■ Alte Akademie 2, Tel. 08161/53 60, www.weihenstephaner.de, Führungen Mo, Mi 10, Di 10 und 13 Uhr, 8 €, Dauer 60 Min. Führungen inkl. Bierverkostung 12 €, Jugendliche ab 10 Jahren 6,50 €, Dauer 60 Min.

Restaurants

€€ | Restaurant im Bayerischen Hof
Das Restaurant im denkmalgeschützten Haus von 1874 gilt bei vielen Freisingern als das beste der Stadt. Jedes Gericht wird frisch zubereitet, die Zutaten kommen von lokalen Lieferanten. Die Atmosphäre: angenehm gediegen. ■ Untere Hauptstr. 3, Tel. 08161/ 53 83 00, www.bayerischerhof-freising.de, Fr, Sa geschl.

4 Ingolstadt

In der Audi-Boomtown schlägt noch immer ein historisches Herz

Information

■ Ingolstadt Tourismus, Moritzstr. 19, 85049 Ingolstadt, Tel. 0841/305 30 35, www.ingolstadt-tourismus.de

Die zweitgrößte Stadt Oberbayerns ist eine boomende Wirtschaftsmetropole mit bezaubernder, historischer Innenstadt und zahlreichen Museen. Seit der Renaissance wurde Ingolstadt, seit jeher ein strategisch wichtiger Ort, mit einem ausgefeilten System von Festungsbauten gesichert. Viele davon sind noch heute zu sehen.

Sehenswert

Asamkirche
| Kirche |
Die barocke Kirche Maria de Victoria beherbergt zwei Kunstschätze: Zum einen das mit 42 x 16 m weltweit größte Flachdeckenfresko der Welt. Gemalt hat es der berühmte bayerische Barockkünstler Cosmas Damian Asam auf dem Höhepunkt seines Schaffens. Ein weiteres Juwel ist die 1708 fertiggestellte Lepanto-Monstranz, die in der Schatzkammer zu sehen ist. Das filigrane Meisterwerk in Gold und Silber ist von unschätzbarem Wert.

■ Neubaustr. 1½, www.ingolstadt-tourismus.de, März–Okt. Di–So 9–12 und 12.30–17, Mai–Sept. auch Mo, Nov.–Feb. Di–So 13–16 Uhr

Audi museum mobile
| Museum |
3 *Eine eindrucksvolle Präsentation der Marke Audi*
Historische Exponate, zeitgemäß präsentiert: Im 23 m hohen, vollverglasten Gebäude des Audi museum mobile sind auf 6000 m² 50 Autos, 30 Motorräder, Fahrräder und viele weitere Exponate der Marken Audi, DKW, Horch, Wanderer und NSU zu sehen. Aufgereiht sind die Ausstellungsstücke in Form der Jahresringe eines Baumstamms. Auch die Unternehmenshistorie wird multimedial gezeigt.

■ Audi Forum Ingolstadt, Auto-Union-Str. 1, www.audi.com, Mo–Fr 9–18, Sa, So 10–16 Uhr, 5 €, Kinder 2,50 €

Klenzepark

| Park |

Von den Einheimischen wird er einfach »Klenze« genannt. Der 20 ha große Park wurde 1992 anlässlich der bayerischen Landesgartenschau angelegt. Es gibt einen See und mit dem Reduit Tilly und Turm Triva zwei markante Festungsbauten, die heute ein Armeemuseum und das Bayerische Polizeimuseum beherbergen. Ein stadtnaher und beliebter Ort zum Spaziergehen und Relaxen.

■ Brückenkopf 4

Restaurants

€–€€ | **Weißbräuhaus zum Herrnbräu** Uriges Wirtshaus mit Gewölbedecke im Zentrum Ingolstadts. Es gibt bayerische Wirtshausklassiker. ■ Dollstr. 3, Tel. 0841/328 90, www.weissbraeuhaus.de, tgl. ab 11 Uhr

Einkaufen

Ingolstadt Village Ein weit über die Region hinaus bekanntes Designer-Outlet. Charmant in Dorfform gestaltet, gehobene Atmosphäre. Über 110 Luxus-Mode-Boutiquen mit Preisnachlässen bis zu 60 Prozent. ■ Otto-Hahn-Str. 1, Tel. 0841/886 31 00, www.ingolstadtvillage.com

Kinder

Bennis Playland Der Indoor-Spielplatz bietet auf 3500 m² viele Attraktionen wie eine Luftkissenrutsche, eine Ballschusskanone, einen Klettervulkan, eine Kartbahn und vieles mehr. Für Kinder von 0–14 Jahren. ■ Eriagstr. 58, Tel. 0841/13 80 36 60, www.bennis-playland.de, ab 7 €

5 Eichstätt

Prachtvolle Bauten und eine entspannte Atmosphäre

Information

■ Tourist Information, Domplatz 8, 85072 Eichstätt, Tel. 08421/600 14 00, www.eichstaett.de

Die 14 000-Einwohner-Stadt ist mit ihren meisterlichen Barockbauten das Juwel des schönen Altmühltals. Seit Beginn des 14. Jh. ist Eichstätt Bischofssitz, was die Stadt maßgeblich prägte. So entstanden über die Zeit hinweg prachtvolle Klöster und reich geschmückte Kirchen. Selten sind in einer Stadt dieser überschaubaren Größe so viele Sehenswürdigkeiten und Kunstschätze vereint. Auch die entspannte Atmosphäre in der Altstadt macht Eichstätt so sympathisch. Die Stadt ist ein idealer Ausgangspunkt für Wanderungen und Radtouren im Naturpark Altmühltal.

Parken

An der **Maiswiese** stehen 120 Parkplätze zur Verfügung. Zu Fuß sind es ca. 15 Min. bis zur Altstadt. Ebenfalls parken kann man in der **Freiwasserstraße**, 1 Tag 1 €, max. Parkdauer 5 Tage.

Sehenswert

Dom

| Kirche |

Wesentliche Teile der Bischofskirche entstanden in der Hoch- und Spätgotik. Anfang des 18. Jh. wurde das ehemals gotische Westtor vom berühmten Ar-

Im Zentrum des Marktplatzes von Eichstätt thront der Willibaldsbrunnen

chitekten Gabriel de Gabriele mit einer Barockfassade verblendet. Das berühmteste Kunstwerk im Dom ist der 11 m hohe »Pappenheimer Altar«, entstanden 1489–1497. Er ist aus einer einzigen Platte Jurakalk gemeißelt. Sein zentrales Thema ist die Kreuzigung Jesu. Die am meisten verehrte Statue der Kirche ist die »Buchenhüller Madonna« am südlichen Vierungspfeiler. Sie befand sich seit 1430 in der Wallfahrtskirche des kleinen Orts Buchenhüll nahe Eichstätt. Die Madonna mit Kind beeindruckt durch die Anmut und edle Zeichnung der Gesichter sowie durch den detaillierten Faltenwurf des Gewands.

■ Domplatz 2

Schutzengelkirche

| Kirche |

Die Wandpfeilerkirche wurde 1617 bis 1620 erbaut. Das Gotteshaus fasziniert durch 567 Engelsdarstellungen, die man als Holzplastiken und Stuckfiguren oder auf Öl- und Freskomalerei bewundern kann. Ein Meisterwerk ist der Hochaltar, gefertigt 1739.

■ Leonrodplatz 3

Restaurants

€€ | Maletter Direkt am Domplatz, mit schöner Terrasse. Eine Art bayerisches Tapas-Lokal, in dem man sich das Menü selbst zusammenstellen kann. Heimische Zutaten, hervorragende Küche.
■ Domplatz 1, Tel. 08421/935 61 91, www.maletter.de, Di–So ab 11.30 Uhr

Einkaufen

Seifenblase Aus reinen Naturzutaten stellt Marion Lau in ihrer kleinen Küche verführerisch duftende und dekorative Seifen und Bademittel her. ■ Bahnhofplatz. 11, Tel. 0151/57 74 60 09, www.eichstätter-seifenstüberl.de, Mo geschl

Übernachten

Das Angebot an Übernachtungsmöglichkeiten in München und den Städten im Norden der Landeshauptstadt ist in allen Kategorien groß. Allerdings liegen die Preise durch die starke Nachfrage im überdurchschnittlichen Bereich. Und es gibt auf diesem hohen Niveau zudem noch zusätzliche saisonale Schwankungen, die die Preise weiter nach oben treiben. Wer flexibel ist, sollte die Zeit während des Oktoberfestes, beliebte Brückentage zwischen Feiertagen und Messezeiten, zum Beispiel während der bauma und ISPO, besser meiden. Gelegentlich bieten die großen Luxushotels bei kurzfristigen Buchungen attraktive Preise. Es lohnt sich, telefonisch oder vor Ort nachzufragen.

München 18

€ | **Arthotel ANA Diva** Ein neues und innenstadtnahes Hotel mit 79 Zimmern. Manche Zimmer sind klein, aber alle stilvoll und extravagant im modern interpretierten Art-decó-Stil eingerichtet. Großer Pluspunkt im parkplatzarmen München: Es gibt Tiefgaragenplätze. ■ Sandstr. 7, 80335 München, Tel. 089/44 45 56 50, www.ana-hotels.com/diva-muenchen

€€ | **Hotel Splendid Dollmann** Ein kleines und familiäres Boutique-Hotel im noblen Stadtteil Lehel, gerade einmal zwei Gehminuten von der Maximilianstraße entfernt. Eingerichtet ist es mit Antiquitäten aus dem 18. und 19. Jh. Besonders heimelig: das Lesezimmer mit Kamin. Viele Stammgäste, rechtzeitig reservieren. ■ Thierschstr. 49, 80538 München, Tel. 089/23 80 80, www.splendid-dollmann.de

€€–€€€ | **Operá** Hinter der auffälligen Sgraffito-Fassade verbirgt sich ein exklusives, kleines Stadtpalais. Das inhabergeführte Hotel überzeugt durch persönlichen Service. Wie der Name sagt, steigen viele Opernbesucher hier ab. Die Bayerische Staatsoper ist zu Fuß in weniger als 10 Min. zu erreichen. ■ St. Anna-Str. 10, 80538 München, Tel. 089/210 49 40, www.hotel-opera.de

€€€ | **Cortiina** Ein kleines Design- und Boutique-Hotel im Herzen der Altstadt. Geschmackvoll eingerichtet bis ins Detail. Im Erdgeschoss gibt es eine stylishe Bar mit einer großen Auswahl an Weinen. Attraktiv: das »Early Bird«-Angebot. Wer sein Zimmer 21 Tage vor dem Aufenthalt bucht, bekommt bis zu 20 Prozent Discount. ■ Ledererstr. 8, 80331 München, Tel. 089/242 24 90, www.cortiina.com

Dachau 34

€ | **Hohenester** Schon Franz Marc verewigte diesen Gasthof in einem seiner Bilder. Seit über 120 Jahren steht er für ein außergewöhnliches Ambiente und gepflegte Gastlichkeit. Zu dem Gasthof, der etwa 2 km von Dachau entfernt liegt, gehört auch eines der besten Gasthäuser der Region. ■ Mühlberg 4, 84229 Markt Indersdorf, Tel. 08136/999 99, www.gasthaus-hohenester.de

€€ | Hotel und Tafernwirtschaft Zum Fischer Ein solides und sauberes Hotel in zentraler Lage gegenüber des Bahnhofs. Sehr zu empfehlen ist die Tafernwirtschaft, in der herzhafte Wirtshausklassiker serviert werden. ■ Bahnhofstr. 4, 85221 Dachau, Tel. 08131/779 92 99, www.hotelfischer-dachau.de

€€ | Gasthof Kapplerbräu Die 20 individuell gestalteten Zimmer des denkmalgeschützten Hauses sind liebevoll eingerichtet, zum Teil mit Antiquitäten. Hier möchte man gerne länger bleiben. Zum Haus gehört auch der vorzügliche Brauereigasthof Kapplerbräu mit einem legendären Bier. ■ Marktplatz 2, 85250 Altomünster, Tel. 08254/777, www.kapplerbraeu.de

Freising 36

€€–€€€ | Hilton Munich Airport Es ist ein ganz besonderes Erlebnis, einmal direkt am Flughafen zu übernachten. Das 5-Sterne-Hotel liegt 11 km von Freising entfernt, zwischen Terminal 1 und 2. Spektakulär ist das gläserne Atrium mit Bars und Restaurant. Ansonsten bietet das Hotel alle Annehmlichkeiten eines Hauses dieser Klasse: Fitness Center, Pool, Spa. Die Fenster sind perfekt schallisoliert. Oft günstige Aktionpreise! ■ Terminalstraße Mitte 20, 85356 München, Tel. 089/978 20, www.hiltonhotels.de

Ingolstadt 37

€€ | Hotel Rappensberger Das charmante Hotel kann mit einer 400-jährigen Geschichte aufwarten. Sehr gepflegt, zuvorkommender Service. Es liegt inmitten der Altstadt, gegenüber der Franziskanerkirche. Das

Ein modernes und stilvolles Nachtquartier bietet das Arthotel ANA Diva

hauseigene Ristorante Al Castello ist auch für seine hervorragenden Pizzen bekannt. ■ Harderstr. 3, 85049 Ingolstadt, Tel. 0841/31 40, www.rappensberger.de

Eichstätt 38

€ | Brauerei-Gasthof Trompete Zentral in der Altstadt gelegen. Frische Farben dominieren die einfach gehaltenen Zimmer. Zum Essen muss man nicht aus dem Haus: Im angeschlossenen Wirtshaus gibt es bayerische und mediterrane Köstlichkeiten, dazu köstliches Brauereibier. Das Hotel liegt am Altmühltalradweg, Fahrräder können im Keller abgestellt werden. ■ Ostenstr. 3, 85072 Eichstätt, Tel. 08421/981 70, www.braugasthof-trompete.de

Fünfseenland und Pfaffenwinkel

Sanft und lieblich streckt sich die Landschaft in Richtung Alpen. Ein besonders schönes Stück Oberbayern

Der Begriff »Fünfseenland« fasst prägnant zusammen, was diese Region ausmacht: Es sind fünf Seen unterschiedlichen Charakters, jeder auf seine Weise einzigartig. Der mondäne Starnberger See rund 25 km südwestlich von München ist mit einer Länge von 20,2 km der größte, dicht gefolgt vom bodenständigeren Ammersee. Auf beiden Gewässern verkehren von April bis Mitte Oktober Schifffahrtsflotten. Mit dem Wörthsee, Pilsensee und dem Weßlinger See komplettieren drei kleinere Perlen das Quintett. Insgesamt haben die fünf Seen eine Uferlänge von über 100 km und damit fast soviel wie die Côte d'Azur.

Den Städtchen rund um die Seen gelang es, trotz des besonders im Sommer heftigen Andrangs, ihren Charme zu bewahren. Die Vielzahl an urigen Wirtshäusern und schönen Biergärten ist ein weiterer Grund, um diese Gegend ins Herz zu schließen.

Mit seinen sanften Hügeln ist das Fünfseenland quasi die landschaftliche Ouvertüre zu den Voralpen.

Noch dichter an diesen liegt der Pfaffenwinkel. Der Name deutet es bereits an: Nirgendwo sonst in Deutschland herrscht eine ähnliche Dichte an Klöstern. Der Pfaffenwinkel ist überreich an Kunst, Kultur und Traditionen. Die Landschaft, geprägt von Wiesen, Wäldern, Flussläufen und Seen, reicht von 550 bis auf 1750 m. Der alpine Charakter ist bereits deutlich zu spüren – auch in der ansteckenden Gelassenheit, mit der die Menschen hier ihrem Alltag nachgehen. Eine entspannte Gegend, in der auch der Gast zur Ruhe kommt.

In diesem Kapitel:

ADAC Top Tipps:

3 Wieskirche
| Kirche |
Das Meisterwerk der Brüder Zimmermann ist eine der prächtigsten Rokokokirchen der Welt. Und auch ihre Lage könnte nicht erhabener sein. 51

4 Schloss Neuschwanstein
| Schloss |
Der zu Stein gewordene Traum des Märchenkönigs Ludwig II. ist das berühmteste Schloss Bayerns, wenn nicht sogar der Welt. 52

ADAC Empfehlungen:

4 Roseninsel
| Insel |
Das kleine und stille Paradies ist nur 170 m vom Westufer des Starnberger Sees entfernt. 45

5 Klosterkirche Schäftlarn
| Kirche |
Ein herausragendes und bedeutendes Kulturdenkmal. Rokoko in seiner schönsten Form. 46

6 Fischerei Sebald, Münsing
| Fischerei |
Zum frisch geräucherten Saibling gibt es ein Glas Bier oder Wein. 46

7 Kloster Andechs
| Kloster |
Traditionsreicher Wallfahrtsort mit berühmter Brauerei. 48

8 Schloss Linderhof
| Schloss |
Hier verbrachte König Ludwig II. die meiste Zeit. 53

9 Kloster Ettal
| Kloster |
Die Benediktinerabtei befindet sich in spektakulärer Lage. 55

10 Münter-Haus, Murnau
| Museum |
Ein Gesamtkunstwerk mit Puppenhaus-Charme. 56

11 Franz Marc Museum
| Museum |
Expressionistische Werke in einem beeindruckenden Museum. 58

6 Starnberger See

Der König der Seen zieht jeden in seinen Bann

Die kleine verträumte Roseninsel ist die einzige Insel im Starnberger See

Information

■ Hauptstr. 1, 82319 Starnberg, Tel. 08151/906 00, www.sta5.de
■ Parken siehe S. 46

Seit Jahrhunderten zieht Bayerns zweitgrößter See Künstler, Lebenskünstler, Politiker und die Reichen des Landes gleichsam magnetisch an. Dazu ist er »die Badewanne Münchens« und des Umlands. Entsprechend belebt ist es an schönen Tagen an seinem Ufer, das eine Länge von insgesamt 49 km aufweist. Die Infrastruktur an Restaurants, Biergärten, Cafés und Wassersportmöglichkeiten ist am Starnberger See für Oberbayern einzigartig. Und der Sahne-Blick auf die Voralpen bis hin zur Zugspitze ebenfalls. Wer den See in stiller Faszination erleben möchte, mietet sich am besten ein Ruder- oder Segelboot.

Sehenswert

1 Kaiserin Elisabeth Museum

| Museum |

Das kleine Museum im alten historischen Bahnhof von Pöcking-Possenhofen zeigt eine Vielzahl an interessanten Erinnerungsstücken an die bis heute verehrte »Sisi«. Die Auswahl reicht von Kinderzeichnungen bis hin

Plan S. 47

zu Tassen und Teekannen. Ihr 500 m entferntes Schloss Possenhofen ist heute nur noch von außen zu bewundern, man kann jedoch im Schlosspark auf Sisis Spuren wandeln.

■ Museum: Schlossberg 2, Pöcking, www.kaiserin-elisabeth-museum-ev.de, Mai–Okt. Fr–So, Fei 12–18 Uhr, 4 €, Kinder 1 €, Schloss Possenhofen: Karl-Theodor-Str. 9a, Pöcking

2 Roseninsel

| Insel |

4 *Ein kleines und stilles Paradies, unweit vom Seeufer*

Ein Rosengärtchen gab der einzigen Insel des Starnberger Sees ihren Namen. Es ist das Herzstück des königlichen Gartens, den Peter Joseph Lenné Mitte des 19. Jh. für den bayerischen König Maximilian II. schuf. Die Insel und das Casino, in das sich auch Maximilians Sohn, König Ludwig II., sowie seine Großcousine Sisi gerne zurückzogen, können besichtigt werden. Wer auf die Roseninsel übersetzen möchte, kann in Feldafing am Parkplatz am Seelaich sein Auto abstellen.

■ Überfahrt zur Roseninsel ab Glockensteg im Feldafinger Park, www.roseninsel.bayern, Fahrten je nach Bedarf Mai, Mitte Sept.–Mitte Okt. Mo 12–17, Di–So 11–18, Juni–Mitte Sept. Mo 12–17, Di–So 10–18 Uhr, Hin- und Rückfahrt 5 €, Kinder 1 €

3 Buchheim Museum der Phantasie

| Museum |

Schon der moderne Museumsbau mit markantem Aussichtssteg ist spektakulär. Dazu kommt eine stattliche Sammlung an Expressionisten und ein faszinierendes Sammelsurium an Gegenständen aller Art, die das Universalgenie Lothar Günther Buchheim auf seinen Reisen durch die ganze Welt zusammengetragen hat.

■ Am Hirschgarten 1, Bernried, www.buchheimmuseum.de, April–Okt. Di–So 10–18, sonst bis 17 Uhr, 10 €, Kinder frei

4 Sterbestelle König Ludwig II.

| Gedenkort |

Ein schlichtes Holzkreuz steht heute dort, wo am 13. Juni 1886 die Leiche des Märchenkönigs im Starnberger See entdeckt wurde. Ludwigs Mutter, Köni-

ADAC Wussten Sie schon?

Die Hintergründe des **Todes** von **Ludwig II.** sind bis heute nicht zweifelsfrei geklärt. Nachdem man ihm die Regentschaft entzogen hatte, wurde der Märchenkönig am 12. Juni 1886 im Schloss Berg am Starnberger See festgesetzt. Dort brach er am nächsten Tag mit dem »Irrenarzt« Bernhard von Gudden zu einem Spaziergang auf, von dem die beiden nicht zurückkehrten. Ihre Leichen fand man in Ufernähe.

gin Marie, ließ dort ein Jahr nach dem Tod ihres Sohnes eine steinerne Totenleuchte aufstellen. 1896 veranlasste Prinzregent Luitpold den Bau einer Gedächtniskirche. Die sogenannte Votivkapelle etwas oberhalb der Sterbestelle ist im frühromanischen Stil errichtet und wurde 1900 geweiht.

■ Parkweg im Schlosspark, Berg, Zugang nur zu Fuß von Berg oder Berg-Leoni aus, jeweils ca. 15 Min.

5 Klosterkirche Schäftlarn

| Kirche |

5 *Rokoko in seiner schönsten Form von Johann Baptist Zimmermann*

Dieses Juwel ist auch einen größeren Umweg wert. Die Kirche der Benediktinerabtei Schäftlarn, Mitte des 18. Jh. entstanden, zählt zu den eindrucksvollsten Rokoko-Sakralbauten in Süddeutschland. Die Stuckaturen und Deckenfresken sind Spätwerke des berühmten Künstlers Johann Baptist Zimmermann. Das Klostergebäude, in dem heute eine Schule untergebracht ist, kann nicht besichtigt werden.

■ Klosterstraße, Schäftlarn, www.abtei-schaeftlarn.de

Verkehrsmittel

Von Ostern bis Mitte Oktober verkehren die **Schiffe der »Weiß-Blauen Flotte«** auf dem Starnberger See. Es werden verschiedene Rundfahrten angeboten, oder man nutzt die Schiffe lediglich für die einfache Verbindung von einem Ort zum anderen. ■ Große Rundfahrt ab Starnberg tgl. 8.50, 10.35, 11, 14.30 Uhr, 22 €, Kinder halber Preis

Parken

Rund um den Starnberger See gibt es diverse **Parkplätze**. Nah am See und nur wenige Schritte von der Bayerischen Seenschifffahrt entfernt befindet sich in der Ortschaft Starnberg das **Parkhaus** See Arkaden am Bahnhofsplatz 1 (Zufahrt über Maximilianstr.). Wer auf die Roseninsel übersetzen möchte, findet in Feldafing eine Parkmöglichkeit (S. 45).

Restaurants

6 **€ | Fischerei Sebald** Herrlich unkompliziert und urig: Den frisch geräucherten Saibling holt man sich selbst im Fischgeschäft, dazu ein Glas Bier oder Wein. Genießen kann man beides im sonnigen Gastgarten. Die Familie betreibt auch einen Bootsverleih. ■ Nördliche Seestr. 2, Ammerland, Tel. 08177/91 32, www.bootsverleih-fischerei.de, Mo geschl., Plan S. 47 b3

€ | Tutzinger Biergarten Der Gastgarten des ebenfalls empfehlenswerten Midgardhauses liegt direkt am Seeufer und ist von Bäumen beschattet. Es gibt die bayerischen Klassiker. ■ Midgardstr. 5, Tutzing, Tel. 08158/12 16, www.midgardhaus.de, tgl. 11–21 Uhr, Plan S. 47 a3

€–€€ | Zum Fischmeister Das Gasthaus mit einem kleinen, urigen Biergarten gehört dem Schauspieler Sepp Bierbichler. ■ Seeuferstr. 31, Münsing/Ambach, Tel. 08177/533, www.zumfischmeister.com, Mo, Mi, Do ab 17, Fr, Sa, So ab 12 Uhr, Plan S. 47 b3

€€ | Zum Kleinen Seehaus Einer der zauberhaftesten Plätze am See. Hervorragende Küche mit Fisch-Spezialitäten. ■ Buchscharnstr. 11, St. Heinrich, Tel. 08801/550, www.kleines-seehaus.de, Mi–So ab 17 Uhr, Plan S. 47 b4

Sport

Seeumrundung Beliebt ist die 57,6 km lange Radtour rund um den Starnberger See. Sie hat keine großen Steigungen und ist landschaftlich ein Erlebnis.

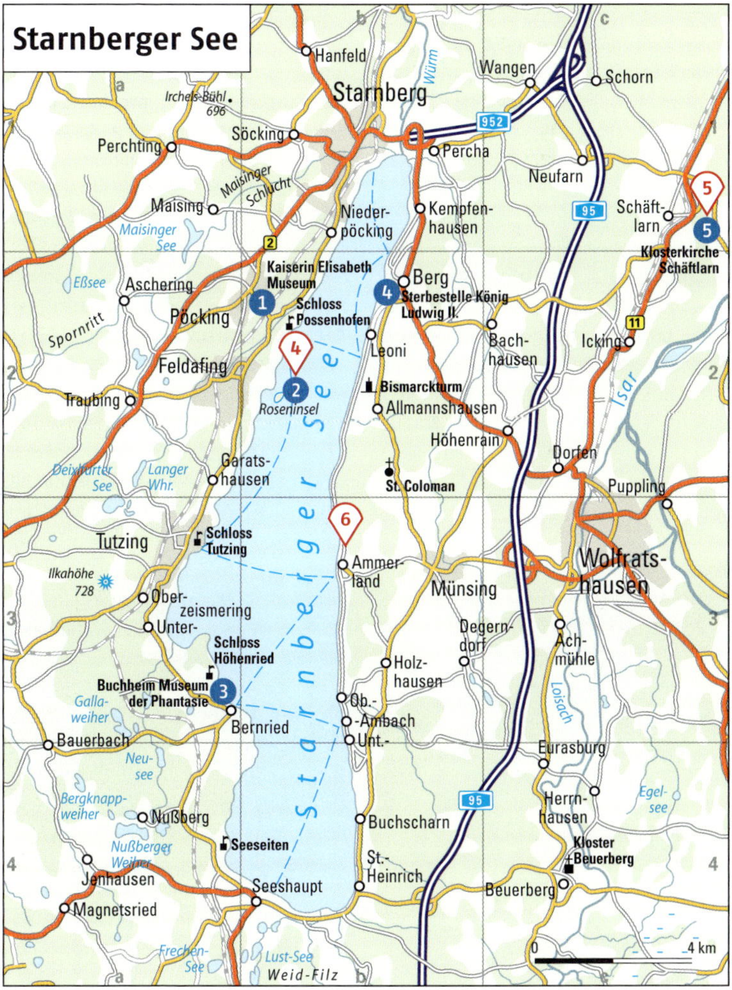

ADAC Mittendrin

In Wolfratshausen östlich des Starnberger Sees starten die berühmten **Isarfloßfahrten**. 30 km lang ist die Fahrt auf einem der traditionell gefertigten Flöße bis nach München. Mit Pausen beträgt die Fahrtzeit etwa 8 Std. Attraktion sind drei Rutschen mit einem Höhenunterschied bis zu 18 m. Verschiedene Veranstalter bieten Floßfahrten an (rechtzeitig buchen!). Die Isar ist ein reißender Fluss, der nicht zu unterschätzen ist. Daher ist von Schlauchbootfahrten unbedingt abzuraten.

Wandern

Ilkahöhe Eine beliebte Wanderung führt vom Tutzinger Bahnhof zur Ilkahöhe, mit 726 m höchste Erhebung im Fünfseenland. Oben erwartet die Wanderer das Forsthaus Ilkahöhe mit tollem Blick. ■ Bahnhof Tutzing, Aufstieg: ca. 1 Std. www.restaurant-ilkahoehe.de

7 Ammersee

Künstlerische Höhenflüge und ein geerdetes Lebensgefühl

Information

■ Verkehrsbüro Herrsching, Bahnhofsplatz 3, 82211 Herrsching, Tel. 08151/ 90 60 40, www.herrsching.de

■ Verkehrsamt Utting, Eduard-Thöny-Str. 1, 86919 Utting, Tel. 08806/92 02 13, www.utting.de

»Armensee« wurde der See früher genannt, weil er von einfachem, ländlichem Umfeld umgeben war. Das änderte sich zu Beginn des 20. Jh. Da entdeckten Künstler den Uttinger Stadtteil Holzhausen und gründeten eine Kolonie. Prominente der damaligen Zeit folgten, am See entstanden prächtige Villen. Ein See der Kreativen ist der Ammersee bis heute, das prägt sein spezielles Flair. Und das der charmanten Orte ringsum wie Schondorf, Utting, Dießen, Herrsching und das kleine Buch. Mit seinen weiträumigen Naturschutzgebieten gehört der Ammersee zudem zu den bedeutsamsten Feuchtgebieten Bayerns. Zwar sind auch hier die Immobilienpreise in astronomische Höhen gestiegen, aber man trifft immer noch auf viele alteingesessene, bodenständige Anrainer.

Sehenswert

Altes Strandbad Utting

| Badestelle |

Die Umkleidekabinen stammen aus dem Jahr 1929, der Kiosk ist Baujahr 1930. Beide stehen unter Denkmalschutz. Das Strandbad in Utting hat eine lange Tradition. Auch, wenn der hölzerne, zurzeit geschlossene 10-Meter-Sprungturm 2002 nach dem Originalvorbild erneuert wurde, bleibt er doch ein Wahrzeichen des Ammersees. ■ Seestr. 12a, www.strandbad-utting.de

Kloster Andechs

| Kloster |

7 *Ein bekannter Wallfahrtsort mit süffigem Bier*

Zugegeben, viele pilgern hauptsächlich auf den »Heiligen Berg« am Ostufer des Ammersees, um im Bräustüberl oder auf der Aussichtsterrasse das legendäre Bier der Klosterbrauerei zu kosten. Es sei ihnen vergeben. Doch die ursprünglich gotische Klosterkirche, 1751–1755 in prächtigem Rokoko-Stil umgestaltet und von Johann Baptist Zimmermann mit Deckenfresken ausgestattet, lohnt auf jeden Fall auch einen Besuch.

■ Bergstr. 2, www.andechs.de

Restaurants

€–€€ | Seerestaurant St. Alban Bei der kürzlich erfolgten Renovierung wurde der Charme dieses verträumten Ortes zum Glück erhalten. Der Blick über den See hinweg bis zum Kloster Andechs ist bilderbuchschön und die Speisen sind von verlässlicher Qualität.

■ Seeweg Süd 85, Dießen, Tel. 08807/15 03, www.seerestaurant-ammersee.de.

8 Landsberg am Lech

Die stille Schönheit am schönen Lechufer mit zauberhafter Altstadt

Information

■ Tourist-Information, Hauptplatz 152, Landsberg am Lech, Tel. 08191/12 82 46, www.landsberg.de

Der Hauptplatz des Städtchens in Dreiecksform, an dessen Westseite sich das markante Rathaus von 1702 befindet, ist einer der schönsten Plätze Oberbayerns. Reich wurde Landsberg ab dem 14. Jh. durch die Lage an der Salzstraße und dem damit verbundenen Recht, Salzzölle zu erheben. In der bestens erhaltenen Altstadt ist eine Vielzahl von historischen Bauten zu sehen. Und es gibt nette Geschäfte, in denen man stöbern kann. Landsberg ist mit seinen rund 30 000 Einwohnern liebenswürdig und lebenswert.

Bürgerstolz und Repräsentationswillen demonstriert das Bayertor in Landsberg

Sehenswert

Bayertor

| Tor |

Das Bayertor, 1425 erbaut, gilt als größte und schönste Toranlage im spätgotischen Stil in Süddeutschland. Der Wehrbau mit verschließbaren Vorhöfen ist ein Zeugnis von Bürgerstolz und Repräsentationswillen. Von der Plattform in 36 m Höhe hat man einen schönen Blick über die Altstadt – und bei gutem Wetter bis hin zu den Alpen.

■ Alte Bergstraße, Mai–Okt. Di–So 10.30–12.30 und 13–17 Uhr, 1 €, Kinder 0,50 €

Historisches Schuhmuseum

| Museum |

Seit 1625 befindet sich das Schuhhaus Pflanz in Familienbesitz. 1995 wurde in dem historischen Haus ein privates

Schuhmuseum mit über 1500 Ausstellungsstücken aus acht Jahrhunderten eröffnet. Die Bandbreite reicht von prächtigen Ornatsschuhen des Märchenkönigs Ludwig II. über Stiefeletten von Kaiserin Sisi bis hin zu Tretern von Fußballstar Lothar Matthäus.

■ Vorderer Anger 274, Tel. 08191/422 96, www.schuhhaus-pflanz.de, geöffnet nur nach telefon. Vereinbarung, 2 €, Kinder 1 €

Pfarrkirche Mariä Himmelfahrt

| Kirche |

Die dreischiffige, spätgotische Basilika aus dem 15. Jh. überragt die Bürgerhäuser der Altstadt. Im 17. Jh. wurde die Kirche barockisiert. Herausragende Kunstwerke sind eine um 1440 entstandene Madonna mit Jesuskind im Chor, die dem Ulmer Künstler Johann Multscher zugeschrieben wird, sowie mittelalterliche Glasmalereien, die sich ebenfalls im Chor befinden.

■ Ludwigstr. 167

Restaurants

€–€€ | Nonnenbräu Ein Familienbetrieb mit freundlichem Service, einer urigen Stube und Biergarten. Serviert werden bayerische und internationale Spezialitäten auf verlässlich hohem Niveau. ■ Epfenhauser Str. 5, Tel. 08191/985 01 71, www.nonnenbraeu.com, Mo, Mi, Do nur abends, Di geschl.

Einkaufen

Die Gwandnerin Ruth Heckling fertigt Maßkonfektion für Damen und Herren, mit großem Können und Liebe zum Detail handgenähte Kleidungsstücke. ■ Spitalplatz 392, Tel. 08191/30 88 84, www.ruth-hecking.de

9 Schongau

Historisches Flair und unaufgeregter Charme

Information

■ Touristeninformation Schongau, Münzstr. 1–3, 86956 Schongau, Tel. 08861/21 41 81, www.schongau.de

Am Übergang vom bayerischen zum schwäbischen Sprachraum liegt auf einem ovalen Hügel die malerische Altstadt. Umgeben ist sie von der fast vollständig erhaltenen Stadtmauer aus dem 14. Jh. Markante historische Gebäude prägen den Charme dieses sehenswerten Städtchens mit seinen rund 12 000 Einwohnern.

Sehenswert

Marienplatz

| Platz |

Der Platz ist das Herzstück der Altstadt. Er ist umgeben von der Stadtpfarrkirche Mariä Himmelfahrt mit prächtiger Rokokoausstattung, dem spätgotischen Ballenhaus und dem Finanzamt aus dem 18. Jh. Der Marienplatz geht über in den Lindenplatz, der wiederum vom Polizeidienerturm begrenzt wird, erbaut im 13. Jh.

Restaurants

€ | Schongauer Brauhaus Die Braukessel in der Gaststube geben diesem noch aktiven Brauhaus ein besonderes Ambiente. Neben dem hausgebrauten Bier gibt es bayerische Spezialitäten. ■ Altenstadter Str. 13, Tel. 08861/933 62 22, www.schongauer-brauhaus.de, Di–Fr ab 11.30, Mo, Sa ab 17, So ab 10 Uhr

Einkaufen

Weinmarkt Küche & Keller Eine Oase für alle Freunde des flüssigen Genusses. Sie finden hier, neben Weinen aus aller Welt, auch Whisky, Gin sowie Pralinen, Essig, Öle und Gewürze. ■ Franz-Rupp-Str. 1, Tel. 08861/690 44 22, www.weinmenschen.de

Kinder

Schongauer Märchenwald Weitläufige Anlage mit Märchenhütten und Tieren wie Rehen, Schafen, Hasen und Ponys. ■ Dießener Str. 6, Tel. 08861/75 27, www.schongauer-maerchenwald.de, Mai–Sept. tgl. 9–19, sonst 10–17 Uhr, 9 €, Kinder 7 €

10 Wieskirche

3 *Das Rokoko-Meisterwerk ist eine der schönsten Kirchen der Welt*

1746 wurden Dominikus und Johann Baptist Zimmermann damit beauftragt, eine Wallfahrtskirche »in der Wies« zu bauen. Die Brüder hatten durch zahlreiche Kirchenbauten bereits ihre Meisterschaft bewiesen. Doch die Wieskirche im Rokoko-Stil machte sie endgültig berühmt, ja unsterblich. Wie ein Solitär strahlt die Kirche bis heute aus saftig grünen Wiesen ringsum. 1983 wurde sie zum UNESCO-Welterbe erklärt.

»Tanzsaal Gottes« wird die »Wallfahrtskirche zum Gegeißelten Heiland auf der Waldwiese« auch genannt. Denn der geschwungene Baukörper, die opulente Ausstattung und das geniale Spiel mit dem Licht scheinen den ovalen Rokoko-Innenraum in flirrende Bewegung zu setzen. Erstmals lösen Ornamente die Architektur auf. Besonders beeindruckend ist das detailreiche und farbgewaltige Kuppelfresko von Johann Baptist Zimmermann. Es zeigt Jesus, der über den Tod triumphiert und in den Himmel auffährt – eine Ermahnung und gleichzeitig Ermutigung der Pilger, dass es niemals zu spät ist, sein Leben zu ändern und Buße zu tun. Meisterwerke sind auch die Kanzel und der als doppelstöckige Säulenloggia gestaltete Hauptaltar.

■ Wies 12, Steingaden, www.wieskirche.de, tgl. mind. 8–17 Uhr

Im Blickpunkt

Dominikus und Johann Baptist Zimmermann

Dominikus Zimmermann (1685–1766) gilt als bedeutendster deutscher Rokokobaumeister und Stuckateur. Ihm gelang eine einzigartige Verschmelzung von Architektur und Ornament. Oft arbeitete er mit seinem älteren Bruder Johann Baptist Zimmermann (1680–1758) zusammen, ebenfalls Stuckateur und begnadeter Maler. Seine Fresken gehören zu den Meisterwerken des oberbayerischen Barocks. Beide werden der Wessobrunner Schule zugerechnet. Sie steht für Kunsthandwerker und Künstler, die ab dem Ende des 17. Jh. in den Werkstätten der Benediktinerabtei Wessobrunn in Oberbayern ausgebildet wurden und einen legendären Ruf erlangten. Mit ihren zahlreichen Werken prägten die Brüder besonders die Sakralbauten in Oberbayern, darüber hinaus auch viele Schlösser.

Restaurants

€ | **Gasthof Schweiger** Gegenüber der Wieskirche befindet sich ein beliebter Gasthof. Es gibt Kaffee, frisch gebackenen Kuchen und viele regionale Spezialitäten. ■ Wies 9, Steingaden, Tel. 08862/500, www.gasthof-schweiger-wieskirche.de, Fr geschl.

11 Schloss Neuschwanstein

4 *Ein einzigartiges und märchenhaft schönes Schloss*

Ein Abstecher führt von Oberbayern ins Allgäu zum berühmtesten Schloss Bayerns, wenn nicht sogar der Welt. Es thront in spektakulärer Lage über dem Alpsee und der Pöllatschlucht. Neuschwanstein gilt sogar als Prototyp der Märchenschlösser in Disney-Filmen. Und ein Märchenkönig gab auch, inspiriert von Wagner-Opern und dem Ideal einer Ritterburg, den Bau in Auftrag. 1869 wurde mit der Errichtung begonnen, die vollständige Fertigstellung erlebte König Ludwig II. nicht mehr. Von den geplanten 200 Räumen wurden nur 15 den Plänen entsprechend gebaut und eingerichtet. Die Schlossbesichtigung ist nur im Rahmen einer Führung möglich, oft sind die verfügbaren Tageseintrittskarten, vor allem in den Monaten Juli bis September, bereits am Mittag vergeben, deshalb sollte man die Karten vorher reservieren.

■ Ticketcenter (nur hier gibt es Tickets): Alpseestr. 12, Schwangau, www.neuschwanstein.de, www.ticket-center-hohenschwangau.de, Ende März–Mitte Okt. 8–17, sonst 9–15 Uhr, 15 €, Kinder frei

Parken

Parkplätze gibt es beim Ticketcenter, von dort fahren Busse und Kutschen hoch zum Schloss.

Schloss Neuschwanstein zieht rund 1,4 Mio. Menschen jährlich ins südliche Bayern

12 Schloss Linderhof

8 *Das Schloss, in dem Ludwig II. die meiste Zeit verbrachte*

Das für seine Verhältnisse eher kleine Schloss ist das einzige, das noch zu Lebzeiten König Ludwigs II. fertiggestellt wurde. Es gilt als sein Lieblingsschloss. Geplant war es jedoch viel größer. Einen dem Schloss von Versailles nachempfundenen Prachtbau wollte der junge König im Graswangtal errichten. Doch die Talebene erwies sich dafür als zu klein. So ließ der Märchenkönig 1869 das vorhandene Försterhäuschen, das Ludwigs Vater Max II. hatte errichten lassen, zum »Königshäuschen« umbauen – der Beginn einer 17 Jahre währenden Bautätigkeit, bei der schließlich der 30 m breite und 27 m tiefe Schlossbau entstand. Umgeben ist das Schloss von einer weitläufigen Gartenanlage, die Anleihen nimmt an Barock- und Rokokogärten. Bemerkenswert ist die damals modernste Technik, die bei der elektrisch beleuchteten Grotte zum Einsatz kam: 24 Dynamomaschinen der Firma Siemens-Schuckert sowie Kohlebogenlampen sorgten für farbprächtige Lichteffekte.

Für viele ist Schloss Linderhof mit seinen harmonischen Proportionen und der organischen Einbindung in die Landschaft das schönste Schloss von Ludwig II. Das Lieblingsschloss des Königs kann nur im Rahmen einer Führung besichtigt werden. Man weiß gar nicht, welchen der in überwältigender Pracht des Neorokoko gestalteten Räume man hervorheben soll. Vielleicht das Schlafzimmer mit einem Baldachin in König Ludwigs II. Lieblingsfarbe Blau, das prunkvolle Audienzzimmer oder den Speisesaal. Er besitzt eine raffinierte »Tischlein-deck-dich«-Mechanik. Mittels Kurbelmechanik wurde der Esstisch ins Untergeschoss in die Küche gefahren, dort gedeckt und wieder hochgekurbelt. So konnte der König völlig ungestört speisen. Es wird berichtet, dass er mitunter sogar Gespräche mit imaginären Gästen bei Tisch führte.

■ Linderhof 12, Ettal, www.schlosslinderhof.de, April–Mitte Okt. tgl. 9–18, sonst 10–16.30 Uhr, Mitte Okt.–Mitte April sind alle Parkbauten außer dem Königshäuschen geschl., die Venusgrotte ist voraussichtl. bis 2024 wg. Restaurierung geschl., 10 €, erm. 9 €, Kinder frei

ADAC Spartipp

Wer plant, die Schlösser Neuschwanstein, Linderhof und Herrenchiemsee zu besuchen, sollte sich das günstigere **Kombiticket »Königsschlösser«** besorgen. Das Ticket kostet 26 €, ist 6 Monate gültig und online bestellbar unter www.bsv-shop.bayern.de

Gefällt Ihnen das?

Wenn Ihnen Schloss Linderhof gefällt, dann sollten Sie auch **Schloss Herrenchiemsee** (S. 89) auf der gleichnamigen Insel im Chiemsee besuchen. Dort konnte König Ludwig II. seine Pläne eines Schlosses im Stil von Versailles verwirklichen. Wer weiter auf den Spuren König Ludwigs II. wandeln möchte, kann außerdem noch die **Sterbestelle** des Märchenkönigs (S. 45) am Starnberger See aufsuchen.

13 Oberammergau

Lüftlmalerei, Holzschnitzkunst und bayerischer Lebensgenuss

Information

■ Eugen-Papst-Str. 9a, 82485 Oberammergau, Tel. 08822/92 27 40, www.ammergauer-alpen.de

Berühmt ist die Gemeinde im Ammertal für die Passionsfestspiele, das Schnitzhandwerk sowie die Lüftlmalerei, die auch das Ortsbild prägt. Höchstwahrscheinlich wurde sogar der Ausdruck dieser in Oberbayern so weitverbreiteten Kunstform hier in Oberammergau geboren. Denn das sehenswerte Pilatushaus, ehemals Wohnstätte des bekannten Oberammergauer Fassadenmalers Franz Seraph Zwinck (1748–1792), wurde umgangssprachlich »beim Lüftl« genannt. Die Passionsfestspiele, für die es ein eigenes Passionsspielhaus gibt, finden alle zehn Jahre statt. Mit dem umtriebigen Regisseur Christian Stückl, der seit 1987 Spielleiter ist, kam frischer Wind in die fast 400 Jahre zurückreichende Passionstradition.
Das idyllische Ortszentrum entlang der Dorfstraße ist übersichtlich und kann bequem zu Fuß erkundet werden. Auf engem Raum vereint das liebenswerte Städtchen alle Kernqualitäten Oberbayerns.

Sehenswert

St. Peter und Paul

| Kirche |

Die katholische Pfarrkirche ist ein besonders schönes und bedeutendes Beispiel für den frühen, süddeutschen Rokoko-Stil. Sie wurde 1735–1749 nach Plänen von Joseph Schmuzer errichtet, einem Baumeister der Wessobrunner Schule (siehe »Im Blickpunkt« S. 51). Viele der figurenreichen Fresken und das Hochaltarblatt stammen von Matthäus Günther, einem Schüler von Cosmas Damian Asam.
■ Herkulan-Schwaiger-Gasse 5

Parken

Einen kostenfreien **Parkplatz** findet man an der Passionswiese, Parkzeit unbegrenzt. Nur vier Minuten zu Fuß ins Zentrum.

Restaurants

€–€€ | **Restaurant Mundart** Junge bayerische Küche in modernem, ungezwungenem Ambiente. Freundlicher, aufmerksamer Service. ■ Bahnhofstr. 12, Tel. 08822/949 75 65, www.restaurant-mundart.de, Mi–So ab 17 Uhr

€€–€€€ | **Dorfwirt** 6 km ist das ruhige Unterammergau entfernt. Aber der Weg zum dortigen Dorfwirt lohnt sich. Die mehrfach prämierte Küche gilt unter Feinschmeckern als eine der besten der Region. ■ Pürschlingstr. 2, Unterammergau, Tel. 08822/949 69 49, www.gasthaus-dorfwirt.com, vorher reservieren, Mi ab 17, Do–So ab 12 Uhr

Einkaufen

Lebende Werkstatt im Pilatushaus Hier darf man lokalen Kunsthandwerkern wie Holzschnitzern und Hinterglasmalern über die Schulter schauen. Im Laden neben der Werkstatt können die Werke gekauft werden. ■ Ludwig-Thoma-Str. 10, Tel. 08822/94 95 11, www.ammergauer-alpen.de, Mo geschl.

Wolf-Schuhe/Bergsport Fachgeschäft für Bergschuhe, Wanderschuhe, Bergsport-Bekleidung und Outdoor-Equipment. Große Auswahl, kompetente Beratung. ■ Dorfstr. 2, Tel. 08822/64 54, www.schuh-wolf-oberammergau.de

Bühne

Passionstheater Oberammergau Die Dimensionen sind gewaltig: 4800 Sitzplätze zählt das Theater. Und über 2000 Schauspieler stehen beim Passionsspiel auf der Bühne, also annähernd die Hälfte der Einwohner des Städtchens. Alle Darsteller sind gebürtige Oberammergauer oder leben seit mindestens 20 Jahren im Ort. Die Aufführung dauert über 5 Std. und findet regulär alle zehn Jahre statt, das nächste Mal 2022. Rechtzeitige Kartenbestellung ist sehr zu empfehlen. Das Theater wird auch in passionsfreien Jahren als Bühne für Theaterstücke und Musikfestivals genutzt. ■ Othmar-Weis-Str. 1, Kartentel. 08822/835 93 30, www.passionsspiele-oberammergau.de

In der Umgebung

Kloster Ettal

| Kloster |

9 *Drei Möglichkeiten, das berühmte Kloster kennenzulernen*

Das Gebäudegeviert mit der majestätischen Kuppel beeindruckt schon mit der spektakulären Lage im Graswangtal. Die 1330 gegründete Benediktinerabtei wird überragt von den umliegenden Bergen: Vorderen und Hinteren Rappenkopf, Kofel und Laber. Um das berühmte Kloster kennenzulernen, werden drei verschiedene Führungen angeboten: durch die Basilika, die Destillerie und die Brauerei.

ADAC Mobil

Laber-Bergbahn Ein besonderes Erlebnis ist die Fahrt mit der 1957 eröffneten Seilbahn, die mit kühner Steigung und zum Teil 100 m über dem Grund auf den Gipfel des Laber führt. Im Winter zieht die Bergbahn mit nostalgischem Charme auch mutige Skifahrer und Snowboarder an. Denn die Abfahrt am Nordhang des 1686 m hohen Berges ist die steilste Freeride-Piste Deutschlands.
Ludwig-Lang-Str. 59, Oberammergau, www.laber-bergbahn.de, Berg- und Talfahrt 17,50 €, Kinder 7 €

■ Kaiser-Ludwig-Platz 1, Ettal, www.kloster-ettal.de, Führung Basilika Mo, Do 15 Uhr, Eintritt frei, Spende erbeten, Destillerie Mo, Do 16 Uhr, 9 €, Kinder 4,50 €, Brauerei Di, Fr 10 Uhr, 12 €, Kinder 6 €

14 Murnau am Staffelsee

Malerisch schön mit einem spektakulären Bergpanorama

Information

■ Tourist Information, Kohlgruber Str. 1, 82418 Murnau am Staffelsee, Tel. 08841/614 10, www.murnau.de

»Das blaue Land« wird die Region genannt. Geprägt hat den Begriff der Maler Franz Marc, Mitbegründer des Künstlervereins »Der Blaue Reiter«, der sich hier Anfang des 20. Jh. niedergelassen hat. Blautöne sind in der Tat in allen Varianten zu finden. Zum Beispiel im Wasser des idyllisch gelegenen Staffelsees mit seinen sieben bewaldeten Inseln. Am südöstlichen Ende des Sees liegt Murnau, eine lebendige Stadt. Besonders pittoresk sind die historischen Hausfassaden am Ober- und Untermarkt. An den Ort grenzt das Murnauer Moos, das größte geschlossene Moorgebiet Mitteleuropas.

Sehenswert

Münter-Haus

| Museum |

10 *Ein Gesamtkunstwerk mit Puppenhaus-Charme*

1909 kaufte die Künstlerin Gabriele Münter das Haus und lebte hier bis 1914 in den Sommermonaten mit Wassily Kandinsky und ab 1931 mit ihrem zweiten Lebensgefährten Johannes Eichner. Zu sehen sind Teile der Originalausstattung wie die von Münter und Kandinsky bemalten Möbel, dazu Gemälde, Grafiken, Hinterglasbilder und ihre Volkskunstsammlung.
■ Kottmüllerallee 6, Tel. 08841/62 88 80, www.muenter-stiftung.de, Di–So und Feiertage 14–17 Uhr, 3 €, Kinder frei

Restaurants

€ | **Griesbräu** Im historischen Gewölbekeller des Brauhauses mit über 340-jähriger Brautradition sitzen die Gäste in Sichtweise der Sudkessel und genießen die hausgebrauten, naturtrüben Biere. Dazu gibt es deftige Gerichte wie Schweinshaxn und Wammerl. ■ Obermarkt 37, Tel. 08841/14 22, www.griesbraeu.de, Do–Di 10–24 Uhr

€–€€ | **Seerestaurant Alpenblick** Der Name verspricht nicht zu viel: Vom Restaurant und Biergarten in Uffing aus genießt man ein Panorama, das zu den schönsten im ganzen Voralpenland zählt. Direkt daneben lockt das altehrwürdige Bärtlbad mit Badekabinen aus den 1920er-Jahren zum Badespaß im Staffelsee. ■ Kirchtalstr. 30, Tel. 08846/93 00, Uffing am Staffelsee, www.seerestaurant-alpenblick.de, Mo, Di geschl.

Cafés

Kaffeehaus Krönner Traditionsbetrieb mit Konditorei und Chocolaterie. Die Auswahl an Kuchen, Torten und Trüffeln ist rekordverdächtig. ■ Obermarkt 8, Tel. 08841/12 72, www.kroenner-murnau.de, tgl. ab 9 Uhr

Erlebnisse

Schifffahrt auf dem Staffelsee Vom Wasser aus bietet sich eine besonders schöne Sicht auf die Ammergauer Alpen, das Wettersteingebirge und die Esterberge. ■ Im Hinterfeld 8, Tel. 08841/628 83 31, www.staffelsee.org, April–Nov., Rundfahrt 12 €, Kinder 6 €

Wandern

Staffelsee-Rundweg Durch wunderschöne Landschaft und zum Teil durchs Seemoor führt der 20,7 km lange Rundweg. Ein Erlebnis! ■ Start und Ziel: Parkplatz Freibad Murnau, Seestr. 31

In der Umgebung

Glentleiten

| Freilichtmuseum |

Eine Zeitreise in die Vergangenheit Oberbayerns bietet das Freilichtmuseum Glentleiten. Mit 38 ha Fläche ist es das größte Freilichtmuseum Südbayerns. Mehr als 60 original erhaltene und versetzte Höfe, Handwerkeranwesen, Mühlen, Almgebäude und Stadeln geben Einblick ins ländliche Leben der vergangenen Jahrhunderte in Oberbayern. Dazu sind auch viele historische Möbel, Textilien, Arbeitsgeräte und Haushaltswaren zu sehen.

■ An der Glentleiten 4, Großweil, www.glentleiten.de, Mitte März–Mitte Nov. Di–So 9–18, Juni–Sept. tgl., 9 €, Kinder bis 15 Jahre frei

15 Walchensee

Wassersport- und Wanderparadies, umgeben von Bergen

Information

■ Tourismus Walchensee, Ringstr. 1, 82432 Walchensee, Tel. 08858/411, www.walchensee.de

Walchensee: Surferparadies zwischen hoch aufragenden Bergen

Dramatisch von Bergen gerahmt, präsentiert sich der auf 800 m Höhe gelegene Walchensee an einigen Stellen in einem fast schon karibischen Türkisblau. Grund dieser Färbung ist ein hoher Anteil an Kalziumkarbonat. Eine Seltenheit in Oberbayern ist, dass man nahezu uneingeschränkten Zugang zum See hat und auch überall schwimmen kann und darf. Allerdings ist der Bergsee mit einer Wassertemperatur von selten über 20 Grad eher kühl. Durch seine ausgeprägte Thermik ist er v. a. am Südwestufer geschätztes Revier für Wind- und Kitesurfer.

Sehenswert

Herzogstand

| Gipfel |

Beim Erklimmen des wohl bekanntesten Aussichtsberges der Region hilft vom Walchensee aus eine Seilbahn, die bis auf 1600 m führt. Der Gipfel des Herzogstand, Lieblingsberg von König Ludwig II., liegt mit 1731 m noch ein kleines Stück höher. Etwas unterhalb gibt es ein idyllisches Berggasthaus. Und im Winter lockt ein kleines Skigebiet die Wintersportler.

■ Herzogstandbahn: Am Tanneneck 6, Tel. 08858/236, www.herzogstandbahn.de, Sommer Mo–Fr 9–17.15, Sa, So bis 17.45, Winter tgl. 9–16 Uhr, Berg- und Talfahrt 16 €, Kinder 6 €

Erlebnisse

Mautstraße Jachenau Von Einsiedl am Walchensee führt eine 12 km lange, private Mautstraße in die Jachenau. Die Fahrt kann man – bei gutem Wetter – einfach nur als traumhaft schön beschreiben. ■ Maut pro Tag mit Auto oder Kleinbus 5 €

Blick auf die von Patrizierhäusern gesäumte Marktstraße in Bad Tölz

In der Umgebung

Franz Marc Museum

| Museum |

11 *Leben und Werk eines der bedeutendsten Maler Bayerns*

Der wegweisende Maler Franz Marc liebte die Region am Fuße der bayerischen Alpen und lebte von 1910–1914 in Sindelsdorf, dann in Ried in der Gemeinde Kochel am See. Seine expressionistischen Werke sind in Verbindung mit der Kunst seiner Zeitgenossen und weiterer bedeutender Künstler des 20. Jh. in einem beeindruckenden Museum in Kochel am See zu sehen.

■ Franz Marc Park 8–10, Kochel am See, www.franz-marc-museum.de, April–Okt. Di–So 10–18, Nov.–März Di–So 10–17 Uhr, 9,50 €, Kinder 3,50 €

16 Bad Tölz

Wo Oberbayern noch urbayerisch und gemütlich ist

Information

■ Tourist-Information, Max-Höfler-Platz 1, 83646 Bad Tölz, Tel. 08041/786 70, www.bad-toelz.de

Hört man den Namen »Bad Tölz«, verknüpft man ihn unwillkürlich mit dem Titel der berühmten Krimiserie »Der Bulle von Tölz«. Die deutschlandweit und auch in Österreich ausgestrahlte Serie war sicher nicht zuletzt wegen des urbayerischen und malerischen Schauplatzes so außerordentlich beliebt. Die Reize des schmucken Städtchens im Isarwinkel schätzten aber bereits im 19. Jh. Kurgäste aus aller Welt: Ölmilliardäre aus Amerika, der europäische Adel und die Prominenz ihrer Zeit wie Thomas Mann, Mark Twain und Karl May. Bad Tölz war ein mondänes Zentrum. Der Kurbetrieb spielt heute kaum mehr eine Rolle. Der Attraktivität des quirligen Ortes für die Besucher tat dies allerdings keinen Abbruch. Sie bummeln entlang der Marktstraße, die mit ihren lüftlmalereigeschmückten Patrizierhäusern »der schönste Festsaal des Oberlandes« genannt wird. Sie schätzen das vielfältige Angebot an interessanten Geschäften, an Kultur und Gaststätten. Sie lassen sich anstecken vom Rhythmus des Städtchens, der bei aller Geschäftigkeit immer mit einer kräftigen Portion Lebensgenuss gemischt ist. Und wenn dann auch noch der Tölzer Knabenchor mit seinen himmlischen Stimmen ein Konzert gibt, fühlt man sich dem Paradies ganz nah.

Sehenswert

Stadtmuseum

| Museum |

Spannende Einblicke in die Geschichte der Region bietet das Tölzer Stadtmuseum seinen Besuchern. Bereits von außen ist das Haus mit der von Gabriel von Seidel gestalteten Fassade ein Juwel. Im Inneren erlebt man auf drei Etagen einen Querschnitt der Tölzer Geschichte. Viel Raum ist der Tradition der Flößerei gewidmet. Und auch die regionaltypischen »Tölzer Kasten« sind zu sehen, bunt bemalte Bauernschränke, die von den ortsansässigen Kistlerhandwerkern geschreinert wurden und früher weit über die Region hinaus berühmt waren.

■ Marktstr. 48, www.bad-toelz.de, Di–So 10–17 Uhr, 2 €, Kinder 1 €

Parken

Nahe an der Innenstadt liegt der **Parkplatz** Kolbergarten (P11, Säggasse), 1 Std. 1 €, Höchstparkdauer 3 Std.

Restaurants

€–€€ | Alte Schießstätte Küchenchefin Michaela Hager ist auch als TV-Köchin populär geworden. In ihrem Gasthof bietet sie traditionelle bayerische Küche auf höchstem Niveau. ■ Kiefersau 138, Wackersberg, Tel. 08041/35 45, www.michaela-hager.de, Mo, Do geschl.

Cafés

Café Schuler Ein klassisches Kaffeehaus, wie man es nicht mehr häufig findet. Die Auswahl an Torten und Kuchen ist enorm. Und ein ganz besonderes Mitbringsel sind die »Tölzer Prügel«, die es hier weltexklusiv gibt: längliche Pralinen, die an die Holzstämme der Flößer erinnern. ■ Marktstr. 9, Tel. 08041/40 14, www.konditorei-cafe-schuler.de, Mo geschl.

Einkaufen

Tölzer Kasladen Über 200 Käsesorten aus zehn europäischen Ländern bietet das Geschäft im Zentrum der Stadt, darunter viele aus der Region. Ein Erlebnis ist allein schon die fachkundige Beratung. ■ Marktplatz 31, Tel. 08041/793 84 47, www.toelzer-kasladen.de

Kneipen, Bars und Clubs

Max Schwaighofer Die 1896 von Gabriel von Seidl eingerichtete Weinstube ist ein beliebter Treffpunkt der Einheimischen. Hier kann man einige der über 400 Weine testen, die im Laden nebenan angeboten werden. Dazu hausgebrannte Spezialitäten wie Gebirgsenzian und Alpenkräuterlikör. ■ Marktstr. 17, Tel. 08041/760 80, www.schwaighofer.de, So geschl.

Kinder

Marionettentheater

| Theater |

Hier wird das Puppenspielen zur Kunstform: Das 110 Jahre alte Marionettentheater mit einem Fundus von 450 Marionetten gilt als eines der besten Deutschlands. Nicht nur Kinder kommen in dem komfortablen Theater auf ihre Kosten, es gibt auch Abendvorstellungen für Erwachsene.

■ Am Schlossplatz 9, Tel. 08041/741 76, www.marionetten-toelz.de, Vorstellungen Sa und So 15 und 19.30 Uhr, Ticket nachmittags 7 €, abends 20 €, Kinder 12 €

Übernachten

Das Angebot an Quartieren im Fünfseenland und Pfaffenwinkel ist groß, nicht immer stimmt die Balance von Preis und Leistung. Lassen Sie sich bei der Suche vor Ort am besten die Zimmer zeigen! Es gibt in der Region eine besondere Vielzahl an schönen Wellness-Hotels – luxuriöse Oasen für besondere Momente.

Starnberger See 44

€ | **Fischermichel** Vier freundlich und niveauvoll eingerichtete Ferienwohnungen im beschaulichen Ort Ammerland. Das Gästehaus hat drei Minuten entfernt einen Steg, was am Starnberger See Gold wert ist. ■ Pachmayrweg 2, 82541 Ammerland, Tel. 08177/85 40, www.fischermichel.de

€€–€€€ | **Golf-Hotel Kaiserin Elisabeth** Im 19. Jh. residierte hier der österreichische Hochadel. 25 Jahre kam Kaiserin Sisi jeden Sommer in den Gasthof Strauch, wie das Haus damals hieß. Ein Rundum-Wohlfühlhotel mit edel-nostalgischem Flair. ■ Tutzinger Str. 2, 82340 Feldafing, Tel. 08157/930 90, www.kaiserin-elisabeth.de

€€–€€€ | **Seehotel Leoni** Direkt und ruhig am Starnberger See gelegen. Sympathische Atmosphäre. Zimmer zur Seeseite mit Balkon. Spa mit Pool, Liegewiese und Seezugang. ■ Assenbucher Str. 44, 82335 Berg, Tel. 08151/50 60, www.seehotel-leoni.com

€€€ | **Schlossgut Oberambach** Das wunderschöne Bio-Hotel liegt etwas erhöht auf einem 52 ha großen Parkgrundstück mit Blick zum Starnberger See. Paradiesisch und mit jedem Komfort. ■ Oberambach 1, 82541 Münsing, Tel. 08177/93 23, www.schlossgut.de

Ammersee 48

€€ | **Sepperlwirt** Behagliche Zimmer mit Liebe zum Detail gestaltet. Zum Landhotel gehört ein guter Gasthof. ■ Dorfstr. 35, 82229 Meiling/Seefeld, Tel. 08153/43 06, www.sepperlwirt.de

Landsberg am Lech 49

€ | **Zweite Heimat** Die sympathische Privatpension liegt ruhig inmitten der Altstadt. Die Zimmer sind liebevoll gestaltet. Kostenfreie Parkplätze vor dem Haus. ■ Alte Bergstr. 451, 86899 Landsberg am Lech, Tel. 0162/402 25 03, www.zweite-heimat.info

Schongau 50

€–€€ | **Hotel Blaue Traube** Ein gepflegtes und traditionelles Haus in bester Altstadtlage, das auch Parkplätze bereithält. ■ Münzstr. 10, 86956 Schongau, Tel. 08861/30 60, www.blaue-traube-schongau.de

Wieskirche 51

€–€€ | **Landhotel zur Post** Saubere Zimmer, modern eingerichtet, ruhige Lage. Der angeschlossene Gasthof bietet gute Qualität. ■ Kirchbergstr. 43, 82409 Wildsteig, Tel. 08867/221, www.gasthof-post-wildsteig.de

Schloss Linderhof 53

€€ | Hotel Blaue Gams In sonniger Alleinlage, oberhalb von Ettal und 11 km von Schloss Linderhof. Zimmer mit liebenswertem Retro-Charme. Integriert ist ein uriges Restaurant. ■ Vogelherdweg 12, 82488 Ettal, Tel. 08822/64 49, www.blaue-gams.de

Oberammergau 54

€ | Gästehaus Richter Einfaches, solides und familiengeführtes Haus mit zuvorkommendem Service. Zentral gelegen. ■ Welfengasse 2, 82487 Oberammergau, Tel. 08822/93 57 65, www.gaestehaus-richter.de

€€€ | Hotel Maximilian Fünf-Sterne-Hotel, für das man gerne etwas mehr Geld ausgibt. Modern gestylt, Wellnessbereich, zwei vorzügliche Restaurants und hauseigene Brauerei. ■ Ettaler Str. 5, 82487 Oberammergau, Tel. 08822/94 87 40, www.maximilian-oberammergau.de

Murnau am Staffelsee 55

€€ | Hotel Post Auch König Ludwig II. stieg hier schon ab. Jugendstilarchitekt Emanuel von Seidl gestaltete die denkmalgeschützten Häuserfronten der Fußgängerzone, in deren Mitte das Traditionshotel liegt. Komfortable und liebevoll eingerichtete Zimmer. ■ Petersgasse 1, 82418 Murnau, Tel. 088 41/487 80, www.hotel-post-murnau.de

€€ | Am Eichholz Galerie & Arthotel Geschmackvoll eingerichtet. Im Garten hat Hotelinhaberin und Malerin Gina Feder ihr Atelier, in dem sie auch Kurse gibt. ■ Am Eichholz 21, 82418 Murnau, Tel. 08841/58 63, www.ameichholz.de

Walchensee 57

€ | Ferien Aparthotel Alpenpark Geräumige Zimmer und Apartments für 2–7 Pers. Ruhig gelegen, 11 km vom Walchensee entfernt. ■ Altjoch 11, 82431 Kochel am See, Tel. 08851/61 55 83, www.alpenpark-kochel.de/

Bad Tölz 58

€€ | Posthotel Kolberbräu Das charmante Haus mit Restaurant liegt direkt an der historischen Marktstraße. ■ Marktstr. 29, 83646 Bad Tölz, Tel. 08041/768 80, www.kolberbraeu.de

ADAC Das besondere Hotel

Kloster Benediktbeuern Einmal hinter dicken Klostermauern übernachten – das ist bei den Salesianern Don Boscos möglich. Die Gäste können auch an den Gebetszeiten und dem Gottesdienst in der Hauskapelle teilnehmen. *€ | Don-Bosco-Str. 1, 83671 Benediktbeuern, Tel. 08857/88195, www.kloster-benediktbeuern.de*

Tegernsee und Schliersee

Die Region rund um den Tegernsee und Schliersee vereint alle Qualitäten Bayerns. Tradition ist hier keine Folklore

Wo Bayern am bayerischsten ist? Die Region um Tegernsee und Schliersee hat gute Chancen auf einen Spitzenplatz. Denn die Zutaten für diesen postkartenschönen Landstrich scheinen dem Bausatz für ein Klischee-Bayern entnommen. Es gibt traumhaft schöne Seen, die schon die bayerischen Könige faszinierten, spektakuläre Bergpanoramen, Häuser mit Lüftlmalerei, gelebtes Brauchtum, viel Tracht und viel Pracht. Und, ganz wichtig: gemütliche Gasthäuser und hochgerühmte Brauereien. Eine Idylle, die gleichzeitig ganz selbstverständlich ans moderne und digitale Leben anschließt. Tradition und Innovation, nein, das ist hier kein Widerspruch.

Wo ist das »Aber«? Vielleicht, dass es an schönen Tagen am Wochenende etwas eng wird auf den schmalen Straßen, Promenaden und Bergpfaden. Denn halb München, das nur rund 50 km entfernt liegt, strömt dann an die Seeufer oder kraxelt auf die umliegenden Gipfel. Verständlich. Denn es ist eben einfach alles geboten, was das Leben lebenswert macht. Auch vielfältige Sportmöglichkeiten wie Schwimmen, Stand-up-Paddling, Wandern, Klettern, Mountainbiken, Segeln und Paragliding. Und im Winter vergnügen sich auf den umliegenden Bergen Skifahrer, Snowboarder und Rodler.

Ja, man kann hier viel unternehmen. Man kann aber auch nur vor einem schönen Wirtshaus in der Sonne sitzen, ein Bier trinken und den Einheimischen zustimmen: »Scho schee bei uns« (schon schön bei uns).

In diesem Kapitel:

ADAC Top Tipps:

5 **Markus Wasmeier Freilichtmuseum**
| Museum |

Der Ex-Skirennläufer betreibt in Neuhaus am Schliersee sein privates altbayerisches Museumsdorf mit jahrhundertealten Höfen und einem zünftigen Wirtshaus. 72

ADAC Empfehlungen:

12 Herzogliche Fischzucht, Wildbad Kreuth

| Fischzucht |

Wo frische Fische im Wasser einer Heilquelle aufwachsen, sitzen die Gäste zwischen den Fischbecken auf Bierbänken und genießen fangfrische Lachsforellen. 69

13 Jägerbauernalm

| Alm |

Auf der urigen Alm mit Traumblick zum nahen Schliersee kann man die Stille genießen und das herrliche Panorama bewundern. 72

14 Kaminstubn, Bayrischzell

| Restaurant |

Ein uriges Paradies für alle, die gern Fleisch essen, gegrillt wird es über einer offenen Feuerstelle mitten im Raum. 73

15 Dorfbad Tannermühl

| Wellness |

Eine wunderbare Auszeit für Körper und Seele: In der Badewanne am Wasserfall liegen und träumen. 74

17 Gmund am Tegernsee

Hier bietet sich die schönste Perspektive auf den Tegernsee

Information

■ Tourist-Information Gmund, Wiesseer Str. 11, 83703 Gmund am Tegernsee, Tel. 08022/706 03 50, www.gmund.de

Der alte Ort am Nordufer des Tegernsees ist der erste, auf den man trifft, wenn man mit dem Auto oder der Bahn von München aus anreist. Gmund ist bekannt als Zentrum der Büttenpapierherstellung und touristisch nicht überlaufen, leidet allerdings ein bisschen am Durchgangsverkehr. Lohnenswert ist ein Spaziergang entlang der Seepromenade.

Sehenswert

Büttenpapierfabrik Gmund

Seit 1829 wird hier das berühmte Büttenpapier gefertigt. Wer etwas über die Papierproduktion lernen möchte, sollte sich auf den Weg in die Gmunder Büttenpapierfabrik machen, jeden ersten und dritten Donnerstag im Monat gibt es hier eine Führung. Im angeschlossenen Papier-Shop kann das feine Papier gekauft werden, teilweise mit Rabatt.

■ Mangfallstr. 5, www.gmund.com, Führung 9 € (Anmeldung in der Tourist-Information), Shop Mo–Fr 9.30–18.30, Sa 9.30–13.30 Uhr

ADAC Spartipp

Die **TegernseeCard** bietet für über 40 Leistungen einen Preisnachlass bis zu 50 Prozent. Sie beinhaltet zudem die kostenlose Fahrt mit Bussen des RVO im gesamten Landkreis Miesbach. Es gibt die Karten nicht im freien Verkauf, sondern nur beim jeweiligen Gastgeberbetrieb. Sie ist kostenlos.

www.tegernsee-card.de

Parken

Zentraler, kostenpflichtiger **Parkplatz** am Strandbad, Fischerweg 2

Restaurants

€€ | Gut Kaltenbrunn Der Münchner Gastronom Michael Käfer hat den denkmalgeschützten Vierseithof 2015 aus dem Dornröschenschlaf erweckt. Das Ambiente ist gleichzeitig urig und schick. Es gibt Alpenküche und eine der schönsten Aussichten Bayerns obendrauf. ■ Kaltenbrunner Str. 1, Tel. 08022/187 07 00, www.feinkost-kaefer.de/gutkaltenbrunn, Jan.–März Mo geschl.

In der Umgebung

Eybel Schokoladenquelle

| Manufaktur |

Die traditionsreiche Schokoladen-Manufaktur ist weit über die Region hinaus bekannt für exzellente Tafelschokolade, Trüffel und Pralinen aus feinen und frischen Zutaten. Die kleinen Schoko-Kunstwerke und weitere kreative Kreationen des Konditormeisters Andreas Eybel kann man gleich in dem ans Geschäft angeschlossenen Café Dark Secret probieren. Dort finden auch Tasting-Kurse statt.

■ Moosrainer Weg 2, 83666 Waakirchen, Tel. 08021/10 36, www.eybel.de, Mo–Fr 9–18, Sa 9–12.30 Uhr

Am Seeufer erhebt sich das prächtige Kloster Tegernsee mit der Basilika St. Quirin

18 Tegernsee

Ein berühmter Ort mit langer Geschichte und Tradition

Information

■ Tegernseer Tal Tourismus, Hauptstr. 2, 83684 Tegernsee, Tel. 08022/92 73 80, www.tegernsee.com

Mitte des 8. Jh. wurde das Kloster Tegernsee gegründet, die Keimzelle des Orts und der Besiedelung im gesamten Tegernseer Tal. Bis zur Säkularisation führten Benediktinermönche das Kloster. 1817 ließ König Max I. von Bayern Teile des Gebäudes zu seinem Landsitz umgestalten. Bis heute zieht es magisch Politiker, Wirtschaftsgrößen, russische Oligarchen, Fußballstars und Schauspieler an den See. Die Immobilienpreise gehören zu den höchsten im gesamten Alpenraum.

Sehenswert

Pfarrkirche St. Quirinus

| Kirche|

Vom einstigen Kloster Tegernsee blieb die Kirche erhalten. Leo von Klenze formte die Fassade im 19. Jh. klassizistisch um. Im Inneren beeindruckt die tonnengewölbte, dreischiffige Pfeilerbasilika mit barocken Fresken von Hans Georg Asam, dem Vater der berühmten Brüder Asam.

■ Schlossplatz 2, tgl. 9–16.30 Uhr

Verkehrsmittel

Motorschiffe der Bayerischen Seenschifffahrt verbinden die meisten Orte rund um den Tegernsee und bieten ganz neue Blickwinkel auf die Bilderbuchlandschaft rund um den See.

■ Große Rundfahrt ab Tegernsee, Ende April–Okt. tgl. 10, 11.30, 13, 14.30, 16 Uhr, 15 €, Kinder halber Preis

Im Blickpunkt

Typisch oberbayerische Spezialitäten

Einige regionale Gerichte auf den Speisekarten bedürfen einer Erklärung. Dieses Glossar bereitet Nicht-Bayern darauf vor, was sie erwartet.

Auszogne: gezuckertes Schmalzgebäck
Fleischpflanzerl: Frikadelle, Bulette
Gselchts: geräuchertes oder gekochtes Schweinefleisch
Kaierschmarrn: ursprünglich aus Österreich stammend, ist aber auch in Oberbayern eine sehr beliebte Mehlspeise. Ein Teig aus Eiern, Milch, Mehl, Zucker und Rosinen in der Pfanne gebacken
Knödl: Kartoffel- oder Semmelkloß
Kren: Meerrettich
Leberkäs oder **Leberkas:** Brät aus gepökeltem Rindfleisch und fettreichem Schweinefleisch, das in einer Backform gebacken wird. Der Bayerische Leberkäs enthält traditionell keine Leber und wird gerne lauwarm in einer Semmel oder in der Pfanne gebräunt gegessen
Milzwurst: Brühwurst aus Weißwurstbrät und Schweinefleisch, in die Milzstücke vom Schwein eingearbeitet sind
Obatzda oder **Obazda:** pikante Käsecreme aus Camembert und anderen Weichkäsen, Butter und Gewürzen wie Paprika und Kümmel
Radi: weißer Rettich, fein geschnitten und gesalzen
Reiberdatschi: Kartoffelpuffer
Reherl: Pfifferling
Ripperl: Kassler
Saures Züngerl: Ragout aus Lunge und saurer Sahne, meist mit Semmelknödl serviert
Schwammerl: Pilz
Schweinshaxn: gebratenes oder gegrilltes Eisbein
Semmel: Brötchen
Semmelknödl: Kloß aus in Milch eingeweichten Semmeln oder Weißbrot mit Eiern, Zwiebeln und Gewürzen
Steckerlfisch: am dünnen Stab gegrillter Fisch, oft Renke oder Makrele
Surbraten: Braten aus gepökeltem Schweinefleisch
Tellerfleisch: zartes, in einer Brühe gekochtes Rindfleisch, in dünnen Scheiben mit Meerrettich serviert
Wammerl: durchwachsener Speck
Weißwurst: in München kreierte Wurst aus Kalbsbrät, Speck, Petersilie und Gewürzen
Wollwurst: aus Kalbsfleisch und Schweinefleisch, wird in der Pfanne angebraten

Restaurants

€–€€ | Herzogliches Bräustüberl Ein Wirtshaus, wie es uriger nicht sein könnte. Unter jahrhundertealtem Gewölbe genießt man Deftiges. Dazu gibt's Bier vom Herzoglichen Bayerischen Brauhaus gleich nebenan. ■ Schlossplatz 1, Tel. 08022/41 41, www.braustuberl.de, tgl. ab 10 Uhr

€€–€€€ | Bistro Fischerei Tegernsee Vor dem Bistro stehen auf einer Wiese am Seeufer im Sommer einfache Bierbänke. Im Kontrast dazu fährt das Publikum gerne Porsche, und der Champagnerumsatz pro Quadratmeter ist der höchste in Deutschland. Die Qualität der Fischspezialitäten lohnen einen Besuch. ■ Überfahrtweg 15, Tel. 08022/85 74 95, www.fischerei-tegernsee.com, Do–So 11–17 Uhr

Wandern

Neureuth Eine leichte und beliebte Wanderung, die über breite Forstwege und kleine Waldpfade verläuft, führt vom Bahnhof Tegernsee 500 Höhenmeter zur Neureuth. Der Berggasthof hat eine große Aussichtsterrasse, deren Ausblick allein schon den eineinhalbstündigen Aufstieg wert ist. ■ www.neureuth.com, Mo geschl.

19 Rottach-Egern

Einkaufsstadt und pulsierendes Zentrum des Tegernsees

Information

■ Tourist-Information Rottach-Egern, Nördliche Hauptstr. 9, 83700 Rottach-Egern, Tel. 08022/67 31 00, www.gemeinde.rottach-egern.de

ADAC Wussten Sie schon?

... dass der bayerische Schriftsteller **Ludwig Thoma** 1908 ein **Haus auf der Tuften** am Rande der Ortschaft Rottach-Egern bezog? Bekannt wurde Ludwig Thoma mit seinen sprachgewaltigen und satirischen Schilderungen des bayerischen Alltags wie den »Lausbubengeschichten«. Als Person verkörperte er mit seiner Aufmüpfigkeit, dem hintersinnigen Humor und Hang zum barocken Genuss die typischen Eigenheiten des bayerischen Wesens. Hetzerische und antisemitische Artikel, die er in den letzten 14 Monaten seines Lebens anonym für den Miesbacher Anzeiger geschrieben hat, werfen jedoch einen dunklen Schatten auf sein Werk. Das Ludwig-Thoma-Haus mit vielen im Originalzustand erhaltenen Zimmern kann nach telefonischer Voranmeldung besichtigt werden.
Tuften 12, Tel. 08022/53 82, www.ludwig-thoma-haus.byseum.de

Zugegeben, der 5800-Einwohner-Ort am südlichen Ende des Tegernsees ist kein Musterbeispiel für bayerische Authentizität. »Düsseldorf am Tegernsee« sagen die Einheimischen. Aber sie schauen, wie auch die Besucher, doch gern in die Schaufenster der Juweliere, Luxus-Boutiquen und Edel-Trachtenläden, die die Seestraße, die Flaniermeile Rottach-Egerns, säumen. Und sei es nur, um sich über die mitunter astronomisch hohen Preise zu mokieren. Bekannt ist Rottach-Egern, das Anfang des 11. Jh. erstmals urkundlich erwähnt wurde, auch durch seinen Hausberg, den 1722 m hohen Wallberg.

Verkehrsmittel

Wallbergbahn Nur 10 Min. brauchen die Vierergondeln auf den Wallberg. Die Aussicht in die bayerischen Alpen und ins Tegernseer Tal ist grandios. Im Winter führt eine 6 km lange Rodelstrecke ins Tal. ■ Wallbergstr. 26, www.wallbergbahn.de, Berg- und Talfahrt 23 €, Kinder 12 €

Einkaufen

Hutmacherei Martin Wiesner Der junge Handwerker ist weit über die Region hinaus berühmt. Seine traditionellen Trachtenhüte sind allesamt handgefertigt. ■ Feldstr. 9, Tel. 08022/67 38 24, www.hutmacherei-wiesner.de, Mi–Fr 9–12 und 14–17, Sa 9–12 Uhr

20 Bad Wiessee

Der legendäre Kurort der 1960er-Jahre findet zu neuem Glanz

Information

■ Tourist-Information Bad Wiessee, Lindenplatz 6, 83707 Bad Wiessee, Tel. 08022/860 30, www.bad-wiessee.de

Der Kurort Bad Wiessee am Westufer des Tegernsees mit den beiden stärksten Jod-Schwefel-Heilquellen Deutschlands wurde in den letzten Jahren neu entdeckt. Einzigartig am See ist die 5 km lange, autofreie Promenade. Zwei Schiffsanlegestellen der Bayerischen Seenschifffahrt (Bad Wiessee Ortsmitte und Abwinkl) begrenzen sie.

Entlang der Uferpromenade in Bad Wiessee bummelt man mit Blick auf die Bergwelt

Restaurants

€€–€€€ | Freihaus Brenner Auf einer Anhöhe 100 m über dem Tegernsee thront dieses auch bei Einheimischen sehr beliebte Restaurant. Die Atmosphäre ist romantisch, die Küche vielgerühmt. ■ Freihaus 4, Tel. 08022/865 60, www.freihaus-brenner.de, tgl. 11–22 Uhr

Casinos

Spielbank Bad Wiessee
Die Architektur verweigert sich jedem Ansatz eines alpinen Stils. Die Spieler aber kommen, um mit zahlreichen-Möglichkeiten ihrem Glück auf die Sprünge zu helfen. Bereits 1957 wurde in Bad Wiessee die erste Spielbank eröffnet, die ob des Besucherandrangsbald erweitert bzw. 1969 einem Neubauweichen musste. Dieser wurde 2003 durch das heutige Gebäude ersetzt. ■ Winner 1, Tel. 08022/983 50, www.casinobadwiessee.com

21 Kreuth und Wildbad Kreuth

Zwei stille Schönheiten findet man abseits des großen Trubels

Information

■ Tourist-Information Kreuth, Nördliche Hauptstr. 3, 83708 Kreuth, Tel. 08029/997 90 80, www.kreuth.de

Ruhiger und gemütlicher als direkt am Tegernsee geht es in den beiden bekannten idyllischen Ferienorten im Flusstal der Weißach zu. Sie sind auch ein idealer Ausgangspunkt für schöne Bergtouren. Deutschlandweite Bekanntheit erlangte Wildbad Kreuth für die hier bis 2016 jährlich stattfindenden Klausurtagungen der CSU-Landesgruppe im Bundestag und der bayerischen CSU-Landtagsfraktion.

Restaurants

12 **€ | Herzogliche Fischzucht Wildbad Kreuth** Märchenhaft schön inmitten des Waldes liegt die Herzogliche Fischzucht. Zwischen den Zuchtbecken stehen einfache Bierbänke und Tische, an denen man Lachsforellen, Forellen und Saibling fangfrisch kosten kann. Bis aus München kommen Kunden, um hier geräucherten Fisch zu kaufen. Wahrhaft ein echter Gaumenschmaus! ■ Wildbad Kreuth 1, Tel.08029/99 74 60, www.fischerei-kreuth.de, Anfahrt: B307 Rich-

Auch im Winter reizvoll: die Landschaft rings um die Pfarrkirche St. Sixtus in Schliersee

tung Achenpass, ca. 600 m nach dem großen Wanderparkplatz Wildbad Kreuth links einbiegen, über Weissach-Brücke und der Beschilderung »Fischzucht« für 500 m folgen

Einkaufen

Naturkäserei Tegernseerland Die Milch für die Käsespezialitäten stammt von den umliegenden Bauern. Auch Führungen durch die Schaukäserei werden angeboten. ■ Reißenbichlweg 1, Kreuth, Tel. 08022/188 35 20, www.naturkaeserei.de, tgl. 9–17 Uhr

Kinder

Schwarzentenn-Alm Die 200 Höhenmeter hinauf zur ganzjährig bewirtschafteten Almhütte sind ein einziger Abenteuerspielplatz, der Weg führt den Schwarzenbach entlang, in dem sich im Sommer ohne Gefahr plantschen lässt. Der Forstweg ist sogar mit dem Kinderwagen zu bewältigen. ■ www.tegernsee.com/a-schwarzentenn-alm, Ausgangspunkt: Wanderparkplatz an der B304 Richtung Achensee, 3 km hinter Kreuth, Aufstieg: 1¼ Std., Abstieg 1 Std.

ADAC Mittendrin

Die **Tegernseer Waldfeste** sind gelebtes Brauchtum und für die Einheimischen einer der Jahreshöhepunkte. Man trifft alte Freunde, plaudert, isst und trinkt. Es gibt Auftritte von Trachtentänzern, Schuhplattlern und Goaßlschnalzern. Und so manches Paar kommt sich in romantischer Atmosphäre näher. Die Waldfeste finden von Juni bis Mitte August an verschiedenen Orten rund um den Tegernsee statt. Dirndl und Lederhosen gehören unbedingt dazu. In den letzten Jahren gab es Diskussionen, weil besonders der Anteil der Münchner sehr hoch geworden ist. Aber nach wie vor ist jeder Gast willkommen.
Termine und Orte: www.tegernsee.com/waldfeste

22 Schliersee

Hier regiert die Bodenständigkeit und Gemütlichkeit

Information

■ Gäste-Information Schliersee, Perfallstr. 4, 83727 Schliersee, Tel. 08026/606 50, www.schliersee.de

Der Ort am Nordostufer des Schliersees hat eine lange Geschichte. Die ersten urkundlichen Einträge stammen bereits von 779. Der Fremdenverkehr setzte Ende des 19. Jh. ein, als Münchner Künstler das Fischerdorf entdeckten. Das künstlerische Flair hat sich Schliersee bis heute erhalten, und trotz der vielen Besucher auch Gemütlichkeit und Bodenständigkeit – Qualitäten, die auch einer der berühmtesten Söhne der Stadt schätzt: der Künstler und Komiker Gerhard Polt.

Sehenswert

St. Sixtus

| Kirche |

Die katholische Pfarrkirche St. Sixtus gehört zu den schönsten der Region. Sie wurde im frühen 18. Jh. im Stil des Barocks erbaut. Beeindruckend sind die Deckenfresken, Stuckaturen und der Marienaltar, die aus der Hand von Johann Baptist Zimmermann stammen. Sehenswert ist auch ein Flügelaltarbild des spätgotischen Malers Jan Pollack in der Friedhofskapelle.

■ Lautererstr. 1

Weinberg

| Aussichtspunkt |

Auf dem Weinberghügel mit der Kapelle St. Georg waren alle bayerischen Könige. Auch Ludwig II., für den an der alten Linde eine Gedenktafel angebracht ist. Der Blick von hier auf die Stadt, den See und die Berge ist schlicht atemberaubend. Der Aufstieg startet an der Hans-Miederer-Straße, von hier führt ein Fußweg nach oben.

■ Gehzeit: 5 Min.

ADAC Mobil

Den Schliersee aus der Wasserperspektive zu erleben, ist ein besonderes Vergnügen. Familie Mayr betreibt am Ende des Kurwegs in Schliersee seit 1956 einen **Bootsverleih** mit Ruder-, Tret- und Elektrobooten. Nur ein paar Schritte weiter ist die Anlegestelle »Kurpark« der **Schliersee-Schifffahrt Mayr**. Hier starten Seerundfahrten auf dem großen Motorschiff.

Cafés

Café-Konditorei Mesner Man weiß gar nicht, was man mehr hervorheben soll: die exzellenten, hausgemachten Kuchen und Torten oder die Gartenterrasse mit Blick auf den Schliersee. Ein Kaffeehaus, das sich den Charme vergangener Tage bewahrt hat. ■ Lautererstr. 2, Tel. 08026/64 36, www.cafe-mesner.de, Di–So 10–18 Uhr

Einkaufen

Slyrs Brennerei Whisky in Bayern? Jawohl, und mit großem Erfolg! 1999 gegründet, ist das Unternehmen Slyrs im Ortsteil Neuhaus Deutschlands größter Single-Malt-Hersteller. Über 120 000 Flaschen werden pro Jahr pro-

ADAC Mittendrin

Das **Schlierseer Bauerntheater** wurde 1892 als erstes bayerisches Bauerntheater gegründet und ist auch weit über die Region hinaus bekannt und gerühmt. Auf der Bühne des prächtigen Theatersaals im barockisierenden Jugendstil stehen bis heute ausschließlich Laienschauspieler aus der Region. Die Aufführungen sind beliebt und schnell ausverkauft. Deshalb: rechtzeitig Karten reservieren!
Xaver-Terofal-Platz 1, Tel. 08026/21 20, www.schlierseer-bauerntheater.de

duziert. Whisky-Freunde können die Destillerie besuchen und den Whisky verkosten. ■ Bayrischzeller Str. 13, Tel. 08026/395 90 04, www.slyrs.com

Kinder

Sommerrodelbahn 950 m lang ist die Strecke, die von der Bergstation der Schliersbergalm rasant ins Tal führt. Kinder ab 8 Jahren dürfen die 63 Kurven alleine meistern, jüngere Kinder können in Erwachsenenbegleitung fahren. ■ Talstation der Schliersbergalm-Seilbahn, Dekan-Maier-Weg 10, www.schliersbergalm.de, 10 €, Kinder 8–14 Jahre 8 €, 2–7 Jahre 4 €

In der Umgebung

Markus Wasmeier Freilichtmuseum

| Museum |

5 *Ein altbayerisches Museumsdorf auf 60 000 Quadratmetern*

Mit viel Liebe zum Detail hat der Ex-Skirennläufer bis zu 500 Jahre alte Höfe umgesetzt und am Südende des Schliersees zu einem neuen sehenswerten Ensemble zusammengefügt. Die rekonstruierten Gebäude sind mit Leben erfüllt und werden sogar bewirtschaftet. Besonders gelungen ist die Einbettung in das weite Gelände. Es gibt ein großes Kinderprogramm, und Heiraten kann man hier auch.

■ Brunnbichl 5, www.wasmeier.de, Di–So 10–17 Uhr, 9,90 €, Kinder 4,90 €, bis 7 Jahre frei

Spitzingsee

| Naturerlebnis |

Rund 10 km südlich und gut 300 m höher als der Schliersee liegt der kleine Spitzingsee mit einer Uferlänge von 2,7 km. Die kurvenreiche Straße hinauf zum Spitzingsattel ist bei Fahrrad- und Motorradfahrern sehr beliebt. Die Bergwelt um den See ist ein beliebtes Wander- und Skigebiet.

■ www.alpenbahnen-spitzingsee.de

Jägerbauernalm

| Alm |

13 *Urige Alm mit Traumblick zum nahen Schliersee*

Die auf 1546 m gelegene Alm am Nordhang des Jägerkamps ist sicher eine der urigsten Oberbayerns. Neben Kühen, Ziegen, Hühnern, Hasen und einem Schwein leistet Sennerin Elke auch ein Alpaka Gesellschaft. Es gibt keine Zufahrt und keinen elektrischen Strom. Dafür aber eine deftige Brotzeit, für die man eine Spende hinterlässt.

■ Ausgangspunkt: Spitzingstraße aufwärts, ca. 1 km vor dem Spitzingsattel ist links ein Schild zum kostenfreien Parkplatz Jägerbauernalm, Tel. 0160/ 761 09 04, Juni–Sept. geöffnet je nach Wetterlage, Aufstieg 2 Std., Abstieg 1,5 Std., Höhenmeter 650 m

23 Bayrischzell

Ein ursprüngliches Städtchen an der Grenze zu Tirol

Information

■ Tourist-Info Bayrischzell, Kirchplatz 2, 83735 Bayrischzell, Tel. 08023/648, www.bayrischzell.de

Bayrischzell ist sozusagen der Außenposten Oberbayerns. Nur 7 km weiter ist die Grenze zu Tirol. Der heilklimatische Luftkurort liegt etwas abseits. Aber das ist Teil seiner Qualität. Wer hierher kommt, sucht und findet Ruhe. Er entdeckt ein Bilderbuch-Städtchen, überragt von der 1733 erbauten Kirche St. Margareth, die Kunstschätze einheimischer Maler birgt. Im Zentrum gibt es eine Königslinde, die vor über 150 Jahren zu Ehren von König Max II. gepflanzt wurde. Im Winter wird es turbulenter, denn der Ort mit 1600 Einwohnern liegt am Einstieg zum Skigebiet Sudelfeld, das größte zusammenhängende Skigebiet Deutschlands.

Restaurants

14 **€€ | Kaminstubn** Es sei vorweg gesagt: Vegetarier kommen hier nicht auf ihre Kosten. Denn die Spezialität dieses Restaurants mit dem Charme einer gemütlichen Almhütte ist Fleisch aller Arten. Gegrillt wird es über einer offenen Feuerstelle mitten im Raum. Über Wochen hinaus ausgebucht, rechtzeitig reservieren. ■ Alpenstr. 44, Tel. 08023/684, www.kaminstubn.de, Mi–So ab 18.30 Uhr

Stattlicher Bauernhof: eines der Exponate im Markus Wasmeier Freilichtmuseum

Hüttenzauber und Entschleunigung warten im Almbad Sillberghaus

Entspannung

15 **Dorfbad Tannermühl** Ein Day-Spa mit einem 8 m hohen, natürlichen Wasserfall? Ja, das gibt's! Und zwar in Bayrischzell. Die fast 1000 Jahre alte Tannermühle bietet im Stile eines alten Bauernbads eine Altholz-Stadl-Sauna, zwei Außen-Wannenbäder, ein Grotten-Brausebad, ein Gumpen-Tauchbecken und einen Ruheraum mit Feuerstelle. ■ Tannermühlstr. 23, www.almbad.de, nur mit Voranmeldung (online-Buchung), 4 Std. 24 €

Wandern

Almbad Sillberghaus Eine kurze und schnelle Tour zu einer der schönsten Hütten der Münchner Hausberge mit Naturschwimmbad unter freiem Himmel, Traumpanorama, das die 35 Min. Aufstieg schnell vergessen lassen, und Hüttenzauber auf hohem Niveau. ■ Ausgangspunkt Parkplatz Sillberghaus, Auf- und Abstieg je ca. 35 Min., www.almbad.de, Fr–So geöffnet

In der Umgebung

Wendelstein

| Naturerlebnis |

Auf den markanten Gipfel des 1838 m hohen Wendelsteins führen eine Seilbahn – die Talstation befindet sich 3,5 km nordwestlich von Bayrischzell – und eine Zahnradbahn, die in Brannenburg startet. Der Gipfel ist nicht von Romantik, sondern von einer Wetterwarte, einem Observatorium und einer Sendeanlage geprägt. Dafür entschädigt die Rundumsicht, die im Süden bis zu den Zentralalpen und im Westen bis zur Zugspitze reicht.

■ www.wendelsteinbahn.de, Zahnradbahn: Berg- und Talfahrt 39 €, Kinder 19 €, Seilbahn: Berg- und Talfahrt 25,50 €, Kinder 18 €

Oberaudorf

| Ortsbild |

Der bereits 780 erstmals erwähnte Ort liegt im bayerischen Teil des Unterinntals. Umrahmt wird er vom Kaisergebirge und den Gipfeln des Wildbarren, Brünnsteins und Kranzhorns. Das gemütliche, 5100 Einwohner zählende Städtchen hat sich einen ursprünglichen Charme erhalten und wird auch »Perle des Inntals« genannt. Der Luftkurort ist die ideale Basis für Bergsteiger, Naturfreunde und Wintersportler.

■ Tourist-Information, Kufsteiner Str. 6, 83080 Oberaudorf, Tel. 08033/30120, www.oberaudorf.de

Übernachten

Tegernsee und Schliersee sind beliebte Tagesziele. Doch wer über Nacht bleibt, erlebt die Ruhe, die sich am Abend über die Seen legt, und mit Glück auch einen romantischen Sonnenuntergang. Es überwiegen Quartiere der gehobenen Preisklasse. Besonders beliebt sind Unterkünfte, die direkten Seezugang und im Idealfall sogar einen eigenen Steg bieten. Schon wenige Kilometer entfernt von den Seen finden sich auch günstigere und urige Übernachtungsmöglichkeiten.

Tegernsee 65

€ | **Der Lieberhof** 1000 Jahre alter Klosterhof hoch über dem Tegernsee mit sensationellem Panoramablick. Für Sparfüchse: Es gibt auch Zimmer mit Etagendusche. ■ Neureuthstr. 52, 83684 Tegernsee, Tel. 08022/41 63, www.lieberhof.de

€€€ | **Das Tegernsee Hotel & Spa** Luxushotel, in dem man rundum verwöhnt wird. Erhöht gelegen über dem See, traumhafter Blick, 2400 m² Spa-Bereich. ■ Neureuthstr. 23, 83684 Tegernsee, Tel. 08022/18 20, www.dastegernsee.de

Bad Wiessee 68

€€ | **Kainzenhof** Zuhäusl des Bauernhofs Kainzenhof mit almhüttenartigem Charakter. Eingebettet in Wiesen mit altem Baumbestand und einem eigenen, idyllischen Uferplatz. ■ Dorfplatz 9, 83707 Bad Wiessee, Tel. 08022/ 838 21, www.tegernsee-haus-am-see.de

Schliersee 71

€€ | **Seehotel Schlierseer Hof** Traditionell, sehr gepflegt und mit eigenem Zugang zum See. Im Sommer ein Außenschwimmbad, Sauna, drei Restaurants. ■ Seestr. 21, 83727 Schliersee, Tel. 08026/92 92 00, www.schlierseerhof.de

Bayrischzell 73

€€€ | **Tannerhof** Wie ein kleines Bergdorf für sich: von Wiesen, Wäldern und Bergen umgebenes, luxuriöses Natur- und Bio-Hotel. ■ Tannerhofstr. 32, 83735 Bayrischzell, Tel. 08023/ 810, www.natur-hotel-tannerhof.de

Das besondere Hotel

Mitteralm Wendelstein Eine Unterkunft, die nur mit der Zahnradbahn oder zu Fuß erreichbar ist? Das ist nicht alltäglich. Aber genau darin liegt auch der Charme dieser urigen DAV-Hütte auf 1200 m Höhe am Wendelstein. Man sitzt am Abend gemütlich zusammen, plaudert, trinkt ein Bier und bekommt von den anderen Gästen so manchen wertvollen Tipp. Es gibt 4 Zimmer und 4 Matratzenlager, ein Schlafsack oder Hüttenschlafsack ist Pflicht.

€ | *Wendelstein 6, 83098 Brannenburg, Tel. 08034/27 60, www.mitteralm-wendelstein.de*

Chiemgau

Müsste man ein irdisches Paradies wählen, dann hätte die Bilderbuchlandschaft des Chiemgaus beste Chancen auf einen Spitzenplatz

Der Eiszeit vor etwa 15 000 Jahren ist es zu verdanken, dass der Chiemgau zu einer Bilderbuchregion geformt wurde. Zu einer anmutig hügeligen Moränenlandschaft, in die wie Juwelen Seen gestreut sind. Vom Chiemsee, dem größten See Bayerns, bis hin zu kleinen Moorseen. Man hat den Eindruck, alles ist hier ein bisschen lieblicher als anderswo. Die Landschaft, die Architektur und selbst der Dialekt, in dem schon ein Hauch melodiöses Österreichisch mitschwingt. Und wirklich stand der Chiemgau lange unter dem Einfluss des benachbarten Erzbistums Salzburg. Man sieht es an der Kirchenkunst, aber auch an der regionaen Liebe zu Mehlspeisen. Der Chiemgau ist eine alte Kulturlandschaft, in der sich zwei wichtige Römerstraßen kreuzten und früh Klöster ansiedelten. Auch mit dem Tourismus hat die Region bereits seit dem 19. Jh. Erfahrung, damals kamen die ersten Gäste zur Sommerfrische. Und so ist es geblieben. Nur, dass die Berge längst auch die Wintersportler anziehen. Überhaupt ist der Chiemgau ein Sportparadies. Es gibt Bergtouren aller Schwierigkeitsgrade, viele der schönen Almen sind auch mit dem Mountainbike erreichbar. Die sanft modellierte Landschaft ist wie gemacht fürs Genuss-Radfahren, zum Wandern und für einige der schönsten Golfplätze Deutschlands. Es gibt unzählige Bademöglichkeiten und mit dem Chiemsee ein anspruchsvolles Segelrevier.

In diesem Kapitel:

ADAC Top Tipps:

6 Neues Schloss Herrenchiemsee
| Schloss |
Märchenkönig Ludwig II. ließ das Schloss 1878 im Stil von Versailles auf der Chiemseeinsel erbauen. Es blieb unvollendet. 89

ADAC Empfehlungen:

16 EFA Mobile Zeiten, Amerang
| Museum |
Auf 6000 m² Ausstellungsfläche erlebt man eine spannende Zeitreise durch die Automobilgeschichte. 90

17 DASMAXIMUM, Traunreut
| Museum |
Das Museum für Gegenwartskunst ist Treffpunkt anspruchsvoller Museumsbesucher. 90

18 Kampenwand
| Berg |
Mit der Gondel auf einen der schönsten Aussichtsberge Oberbayerns mit markantem Felsengipfel. 92

19 Butzn Wirt, Ruhpolding
| Berggasthof |
Der urige und einfach perfekte Berggasthof mit herzhafter Küche liegt idyllisch zwischen Obstbäumen. 96

24 Rosenheim

Eine beliebte Einkaufsstadt mit hohem Freizeitwert

Information

■ Touristinfo, Parkhaus P1 Zentrum, Hammerweg 1, 83022 Rosenheim, Tel. 08031/365 90 61, www.touristinfo-rosenheim.de

Mit 62 000 Einwohnern ist Rosenheim nach München und Ingolstadt die drittgrößte Stadt Oberbayerns und das Zentrum des Chiemgaus. Die beliebte Einkaufsstadt am Inn vermittelt mit ihren pastellfarbenen Häuserfassaden, den weitläufigen Plätzen und imposanten Zwiebeltürmen eine Mischung aus alpenländischer Tradition und südländischem Flair. Die Lebensqualität ist hoch: Neben den nahen Chiem- und Simssee gibt es viele weitere Bademöglichkeiten. Und die Berge des nördlichen Alpenrandes mit ihrem vielfältigen Sportangebot sind nur eine halbe Autostunde entfernt. Bundesweit bekannt wurde die Stadt, die bereits 1328 das Marktrecht bekam, auch durch die TV-Krimiserie »Die Rosenheim-Cops«. Seit 2002 wurden fast 400 Folgen gedreht.

Sehenswert

Max-Josefs-Platz

| Marktplatz |

Seit 1984 ist der zentrale Platz ein Teil der Fußgängerzone. Er ist umgeben von monumentalen Bürgerhäusern, die nach dem großen Stadtbrand 1641 in der typischen Inn-Salzach-Bauweise mit Arkaden, Erkern und einem geraden Fassadenabschluss erbaut wurden. Oft verstecken sich mehrere Häuser hinter einer gemeinsamen Scheinfassade. Besonders interessant sind das Ellmaier-Haus (Nr. 4), das Fortner-Haus (Nr. 20) und das ehemalige Rathaus (Nr. 22).

Städtische Galerie

| Galerie |

Die Galerie gilt als eines der schönsten Ausstellungsgebäude in Oberbayern und zeigt jährlich bis zu sechs Kunstausstellungen. Präsentiert werden zeitgenössische Arbeiten von Künstlern der Region, aber auch internationale Kunst des 20. und 21. Jh. Ergänzt wird das Programm durch Konzerte, Lesungen, Kabarett, Kinderaktionen und Performances.

■ Max-Bram-Platz 2, www.galerie.rosenheim.de, Di–So 13–17 Uhr, 6 €, bis 21 Jahre Eintritt frei

Städtisches Museum

| Museum |

Unter dem Motto »Vom Römergrab zum Nierentisch« bietet die umfangreiche Sammlung im historischen Mittertor in 23 Schauräumen einen faszinierenden Einblick in die Kulturgeschichte der Stadt und der Region. Angefangen von der Vor- und Frühgeschichte über die Römerzeit bis ins 20. Jh. Darüber hinaus gibt es regelmäßig Sonderausstellungen und einen gut sortierten Museumsladen.

■ Ludwigsplatz 26, www.rosenheim.de, Di–Sa 10–17 Uhr, 4 €, Kinder 2 €

Parken

Zentral neben der Fußgängerzone liegt das kostenpflichtige **Parkhaus** P1 (Hammerweg 1, 30 Min. frei, dann 1 Std. 1 €, 24-Std.-Ticket 10 €).

Blick auf den Max-Josefs-Platz und die St.-Nikolaus-Kirche in Rosenheim

Restaurants

€–€€ | Flötzinger Bräustüberl Traditionswirtshaus, das typisch bayerische Schmankerl und Flötzinger Bier frisch aus dem Fass serviert. ■ Samerstr. 17, Tel. 08031/232 66 00, www.floetzinger-braeustueberl.de, Mo–Fr ab 17, Sa, So ab 11 Uhr

Cafés

Dinzler Kaffeerösterei Das Industriedenkmal Kunstmühle ist ein Wahrzeichen Rosenheims. Im Erdgeschoss residiert die Kaffeerösterei Dinzler, die neben frisch geröstetem Kaffee auch hausgemachte Kuchen und eine Auswahl an Speisen anbietet. ■ Kunstmühlstr. 12, Tel. 08031/408 25 31, www.dinzler.de, Mo–Sa 8–18, So 9–18 Uhr

Einkaufen

Vinothek Hacker Österreich ist nicht weit. Und auf die Weine des Nachbarlands ist diese Vinothek spezialisiert. ■ Anton-Kathrein-Str. 8, Tel. 08031/887 58 07, www.vinothek-hacker.de

Kneipen, Bars und Clubs

Loft Beliebter Club mit Partys, Veranstaltungen und Ü-30-Feten. Die DJs legen Club-Music, Pop, Rock und Hits auf. ■ Kolbermoorer Str. 20, Tel. 08031/408 98 45, www.loft-rosenheim.de

In der Umgebung

Heimatmuseum Bad Aibling

| Museum |

Ein kleines Juwel: Das Museum zeigt bäuerliche Möbel, die vollständig rekonstruierten Werkstätten eines Fassbinders und eines Schäfflers sowie die Marbacher Stube mit original Renaissance-Einrichtung. Von kunsthistorischer Bedeutung ist die Kutterlinger Bauernstube. In ihr arbeitete der bekannte Maler Wilhelm Leibl.

■ Wilhelm-Leibl-Platz 2, Bad Aibling, www.bad-aibling.de, Fr 15–17, So 14–17 Uhr

Gefällt Ihnen das?

Wenn nach dem Besuch des Heimatmuseums in Bad Aibling Ihr Interesse an Wilhelm Leibl geweckt ist, dann besuchen Sie auch die **Neue Pinakothek** (S. 28) und das **Lenbachhaus** (S. 30) in München. Dort sind herausragende Werke des Malers und des sog. Leibl-Kreises zu sehen.

Wasserburgs Altstadt liegt auf einer vom Inn fast vollständig umflossenen Halbinsel

25 Wasserburg am Inn

Malerische historische Altstadt mit Künstler-Flair

Information

■ Gäste-Information, Marienplatz 2, Tel. 08071/105 22, www.wasserburg.de

Die überschaubare Altstadt von Wasserburg liegt auf einer vom Inn fast vollständig umschlossenen Halbinsel. Mit ihren gelben, grünen, blauen und ziegelroten Häusern besitzt sie eine fast schon mediterrane Anmutung. Und all die Türme, Zinnen, Erker, Giebel und Laubengänge geben dem fast vollständig erhaltenen, spätgotischen Stadtkern eine malerische Schönheit. Geprägt wird das Stadtbild durch die massive Burganlage aus dem 12. Jh., die einer Wasserburg ähnlich ist. Die Dichte an kulturellen Einrichtungen, besonders an Theatern, ist hoch. Und in und rings um die Stadt haben sich viele Künstler angesiedelt.

Sehenswert

Marienplatz

| Platz |

Mittelpunkt Wasserburgs und ein beliebter Treffpunkt ist der Marienplatz. Gesäumt wird er von der im 14. Jh. erbauten Frauenkirche und dem historischen Rathaus. Ein Schmuckstück des Platzes ist auch das Kernhaus, ein ehemaliges Patrizierhaus mit spätmittelalterlichen Lauben im Erdgeschoss sowie einer Rokokofassade aus dem 18. Jh., ein Werk des berühmten Baumeisters Johann Baptist Zimmermann. Heute ist ein Hotel darin untergebracht.

■ Rathaus: Marienplatz 2, Kernhaus: Marienplatz 7

Museum Wasserburg

| Museum |

In einem spätgotischen Patrizierhaus bekommen die Besucher auf vier Etagen kunst- und kulturgeschichtliche Einblicke in die Historie der Region. Thematische Schwerpunkte sind Innschifffahrt, Handwerk und bäuerliche Wohnkultur. Dazu gibt es drei- bis viermal jährlich wechselnde Sonderausstellungen. Auch kleine Besucher sind willkommen, sie dürfen auf eine Museums-Ralley gehen.

■ Herrengasse 15, www.wasserburg.de, Mai–Sept. Di–So 13–17, Okt–Anfang Jan, Feb–April Di–So 13–16 Uhr, 2,50 €, Kinder 1 €

Parken

Das **Parkhaus Überfuhrstraße** bietet 287 Pkw-Stellplätze, bis zu 4 Std. kostenfrei, es befindet sich in unmittelbarer Lage zur Wasserburger Altstadt.

Restaurants

€€ | Weisses Rössl Gehobene deutsche Küche mit mediterranem Einfluss, stilvoller Rahmen. Inmitten der historischen Altstadt gelegen. Mittags gibt es ein preiswertes Menü. ■ Herrengasse 1, Tel. 08071/5263213, www.weisses-rössl.de, Di–Sa 11.30–14 und 18–21.30 Uhr

Cafés

Deliano In einem historischen Gebäude von 1568 im Herzen der Altstadt können die Gäste des Tagescafés Leckereien aus der Backstube und Konditorei genießen. Angeschlossen ist eine Kaffeerösterei. ■ Hofstatt 13, Tel. 08071/921721, www.deliano-wasserburg.de, Mo–Fr 6–18, Sa ab 6.30, So ab 7 Uhr

Bühne

Theater Wasserburg Belacqua Privat geführtes Dreispartenhaus mit einem interessanten Programm. Das populäre und preisgekrönte Theater gilt als eine der besten nichtstaatlichen Bühnen Bayerns. ■ Salzburger Str. 15, Tel. 08071/597345, www.theaterwasserburg.de

Sport

Naturfreibad Haag Im kleinen Markt Haag, 20 km von Wasserburg entfernt, liegt das 1937 eröffnete Naturfreibad, gespeist aus dem Altdorfer Mühlbach. Der Retro-Charme wurde ganz bewusst erhalten. ■ Freibadstr. 10, Haag in Oberbayern, www.markt-haag.de, Mitte Mai–Mitte Sept. tgl. 9–20 Uhr

26 Altötting

Ein Städtchen im Zeichen der Religiosität und Wallfahrt

Information

■ Touristinfo, Kapellplatz 2a, 84503 Altötting, Tel. 08671/506219, www.altoetting.de

Seit über 500 Jahren ist Altötting einer der wichtigsten Wallfahrtsorte Europas. Geprägt wird die Kreisstadt durch markante klerikale Bauwerke wie die spätgotische Stiftspfarrkirche, die barocke Jesuitenkirche St. Magdalena, die voluminöse Basilika St. Anna, die Bruder-Konrad-Kirche und weitere Gotteshäuser. Die 12750-Einwohner-Stadt ist mit ihrer gesamten Infrastruktur intensiv auf den steten Strom der Pilger, Gläubigen und Touristen aus aller Welt ausgerichtet.

Sehenswert

Haus Papst Benedikt XVI. – Schatzkammer und Wallfahrtsmuseum

| Museum |

Eine eindrucksvolle Dokumentation der Geschichte der Wallfahrt in Altötting. Neben vielen anderen Schätzen ist auch der »Goldenes Rössl« genannte Marienaltar aus dem Jahr 1404 zu sehen. Das Meisterwerk der Pariser Goldschmiede- und Emailkunst dieser Zeit zählt zu den kostbarsten Kunstschätzen der Welt.

■ Kapellplatz 4, www.neueschatzkammer.de, tgl. 10–12 und 13–16 Uhr, Eintritt frei

Gnadenkapelle

| Kirche |

Sie wirkt eher klein und zurückhaltend, aber die Gnadenkapelle ist das Zentrum des Wallfahrtsorts. Ihr achteckiger Bau, vermutlich um 700 entstanden, dürfte der älteste erhaltene Sakralbau Deutschlands sein. Der Mittelpunkt im Inneren der Gnadenkapelle ist die »Schwarze Madonna«, ein um 1330 entstandenes Bild einer stehenden Muttergottes mit dem Jesus-Kind. Rund 150 Jahre später wurde es in der Folge von zwei Wunderheilungen als Gnadenbild verehrt. Beeindruckend sind auch die unzähligen Votivtafeln in der Kapelle und im Umgang.

■ Kapellplatz, tgl. 5.30–20.30 Uhr

Stiftspfarrkirche St. Philipp und Jakob

| Kirche |

Die zweitürmige gotische Kirche ist in ihrer heutigen Gestalt in den Jahren zwischen 1499 und 1511 als letzte gotische Hallenkirche Süddeutschlands entstanden. Von der Original-Ausstattung sind nur wenige Kunstwerke erhalten, wie die geschnitzten Portale an der Nord- und Südseite. Auch das überlebensgroße Kruzifix an der Nordwand des Presbyteriums stammt aus der Gotik. Eine populäre Sehenswürdigkeit ist die aus der Pestzeit stammende Standuhr neben dem Nordportal mit einem Skelett obenauf.

■ Kapellplatz

Parken

Es gibt am Kapellplatz eine zentral gelegene **Tiefgarage**, die Zufahrt erfolgt über die Popengasse, 1 Std. 0,50 €, gebührenpflichtig 8–18 Uhr

Restaurants

€ | **Zwölf Apostel** Solide und zentral gelegene Hotel-Gaststätte. Die Tradition reicht bis ins 17.Jh. zurück, seit 1925 in Familienbesitz. Gute Weißwürste und bayerische Wirtshaus-Klassiker. ■ Kapuzinerstr. 3, Tel. 08671/969 60, www.hotel-zwoelf-apostel.de, tgl. ab 7–22 Uhr

€€–€€€ | **Huberwirt** Die 15 km von Altötting ins kleine Pleiskirchen lohnen sich. Denn Küchenchef Alexander Huber sorgt in dem Restaurant, seit über 400 Jahren im Familienbesitz, für eine mehrfach preisgekrönte und kreative Küche. ■ Hofmark 3, Pleiskirchen, Tel. 08635/201, www.huber-wirt.de, Mo, Di geschl.

Cafés

Märchenhaft Nettes Frühstückscafé, lässig und freundlich gestylt. ■ Neuöttingerstr. 36, Tel. 08671/403 37 27, www.cafe-maerchenhaft.de, tgl. ab 9 Uhr

Einkaufen

Bauernmarkt Großes Angebot an landwirtschaftlichen Produkten, Bauernbrot und Spezialitäten aus der Region. ■ Tillyplatz, Do 8–13 Uhr

In der Umgebung

Geburtshaus Papst Benedikt XVI.

| Historischer Ort |

Das den Marktplatz prägende ehemalige kurfürstliche Mauthaus wurde 1701 nach einem Brand neu erbaut. In diesem Haus erblickte am 16. April 1927 Josef Aloisius Ratzinger das Licht der Welt. Er lebte jedoch nur zwei Jahre hier, dann zog die Familie nach Tittmoning. 2006 besuchte Papst Benedikt XVI. im Rahmen seines Bayern-Besuchs seinen Geburtsort und trug sich ins Goldene Buch des Ortes ein. Seit 2007 ist das Geburtshaus des deutschen Papstes als Museum für die Öffentlichkeit zugänglich.

■ Marktpl. 11, Marktl, Tel. 08678/74 76 80, www.papsthaus.eu, Mo–Do 10–12 und 14–16.30, Sa, So 10–16.30 Uhr, 4 €, erm. 3 €, Kinder bis 12 Jahre frei

27 Burghausen

Ein heiteres Städtchen mit einer Burg, die Rekorde schreibt

Information

■ Burghauser Touristik, Stadtplatz 99, 84489 Burghausen, Tel. 08677/88 71 40, www.visit-burghausen.com

Wie zwei Riesentanker scheinen die Altstadt und die Burg zwischen der Salzach und dem Wöhrsee zu ankern. Dieser ist ein ehemaliger Flussarm, der

Unzählige Votivtafeln bedecken die Wände der Gnadenkapelle in Altötting

durch die natürliche Verlagerung der Salzach zum schönsten, stadtnahen Badesee Bayerns wurde. Der Hauptstraßenzug der Altstadt verläuft parallel zur Salzach und verbreitert sich am malerisch schönen Stadtplatz. Die bunten Häuser dort im Inn-Salzach-Stil haben einen heiteren, verspielten und schon südlich anmutenden Charakter. Burghausen ist das kulturelle und wirtschaftliche Zentrum der Region mit viel Industrie ringsum.

Sehenswert

Burg Burghausen

| Burg |

Mit einer Ausdehnung von 1051 m ist die Burganlage in Burghausen die längste der Welt. Das mächtige Bollwerk besteht aus einem trutzigen

Hauptbau und etwa 30 Gebäuden und Türmen, die auf dem Bergrücken eher locker aneinandergereiht sind. Ein großer Teil der Bauten stammt aus den Jahren um 1480–1503, als die Burg der niederbayerischen Linie der Wittelsbacher als Residenz und Landesfestung diente.

■ www.burg-burghausen.de, April–Sept. tgl. 9–18, Okt.–März tgl. 10–16 Uhr, 5 €, Kinder frei

Hammerschmiede

| Handwerk |

Im Jahr 1465 wurde die Hammerschmiede in Burghausen erstmals erwähnt. Sie ist damit die älteste noch betriebene Hammerschmiede Europas. Früher wurden hier Lanzen und Hellbarden für die bayerischen Herzöge gefertigt. Heute gibt Hobbyschmied Frank Wagenhofer, der die Schmiede in sechster Generation betreibt, den Besuchern Einblick in die archaische Schmiedekunst.

■ Tittmoninger Str. 30–32, Tel. 08677/97 95 45, www.hammerschmied.de, Besichtigung nach Vereinbarung

Stadtmuseum

| Museum |

In den Räumen der mittelalterlichen Burganlage zeigt das Stadtmuseum Kunst, Kultur sowie die Geschichte von Burghausen und der Region. Ausgestattet ist das Museum mit moderner Technik, es gibt Mitmach- und Hörstationen. Auch für Kinder ist viel geboten. Sie erfahren beispielsweise, wie eine Stadtmauer gebaut wurde, und bekommen spannende Einblicke ins Leben auf einer Burg.

■ Burg 48, www.burghausen.de, April–Sept. tgl. 9–18, sonst i. d. R. tgl. 10–16 Uhr, 5 €, Kinder frei

Restaurants

€ | Pritzlwirt Der ehemalige, denkmalgeschützte Einfirsthof über dem Steilufer der Salzach liegt etwas außerhalb der Stadt im Ortsteil Unterhadermark. Die Küche lässt sich als bayerisch mit Raffinesse einordnen. ■ Pritzl 102, Tel. 08677/44 88, www.pritzlwirt.de, Mi–Fr ab 16, Sa ab 17, So ab 11 Uhr

Cafés

Altstadt Café Mit einer wunderbaren Terrasse zur Salzach kann dieses klassische Kaffeehaus punkten. Eine der vielen Spezialitäten aus der eigenen Konditorei: Rupfhaub'm mit Apfelmus.

■ Stadtplatz 95, Tel. 08677/44 13, www.altstadtcafe-burghausen.de, Mo geschl.

Events

Internationale Jazzwoche in Burghausen Seit 1970 treffen sich jährlich im Frühjahr Jazzgrößen aus aller Welt.

■ Büro IG Jazz Burghausen, Tel. 08677/916 46 30, www.b-jazz.com

Sport

Radtour Die Gegend um Burghausen ist durch die flache bis sanft hügelige Landschaft ideal für Fahrradtouren. Eine schöne Genussstrecke führt über Burgkirchen nach Kastl. ■ Länge: 15,2 km, Aufstieg: 163 m

In der Umgebung

Kloster Raitenhaslach

| Kloster |

Eine reizvolle, 4 km lange Wanderung entlang des Salzach-Treidelwegs führt ins Pfarrdorf Raitenhaslach. Von der

ehemaligen, 1143 gestifteten Abtei der Zisterzienser, die 1803 der Säkularisation zum Opfer fiel, ist heute nur noch die Hälfte der Gebäude erhalten, darunter auch die über 800 Jahre alte Klosterkirche, die 1698 von einer romanischen Pfeilerbasilika in eine barocke Wandpfeilerkirche umgebaut wurde. Herausragend ist das prächtige Deckenfresko von Johann Zick, auf dem die Lebensgeschichte des Ordensheiligen der Zisterzienser, Bernhard von Clairvaux, bildlich dargestellt wird.
■ Raitenhaslach 2, Tel. 08677/21 33, www.pfarrei-raitenhaslach.de, Kirchenführungen nach Absprache

28 Tittmoning

Die romantische Altstadt wird von der imposanten Burg überragt

Information

■ Tourist-Information, Stadtplatz 1, 84529 Tittmoning, Tel. 08683/70 07 10, www.tittmoning.de

Das 6000-Einwohner-Städtchen liegt im sogenannten »Rupertiwinkel« direkt am Fluss Salzach, der in diesem Bereich die Grenze zu Österreich bildet. Überragt wird die Altstadt von der mittelalterlichen Burg. Architektonisch ist Tittmoning vom Inn-Salzach-Baustil geprägt, der typisch für diese Region ist. Ein besonderes Schmuckstück ist der weiträumige Stadtplatz mit den angrenzenden bunten Häusern, der als größter seiner Art gilt. Den romantischen Charme prägen auch die Altstadtgassen, barocken Kirchen, Brunnen und Skulpturen sowie die markanten alten Stadttore. Eine Stadt zum Bummeln und Genießen.

Sehenswert

Museum Rupertiwinkel

| Museum |

Die im 12. Jh. erstmals urkundlich erwähnte Burg Tittmoning wirkt bis heute imposant und wehrhaft. Ursprünglich als Grenzburg errichtet, wurde sie jedoch wegen Belagerungsschäden bereits 1614 zum Jagdschloss umgebaut. Seit 1911 ist darin ein Heimatmuseum mit 23 Schauräumen untergebracht. Die Exponate reichen von prächtigen Öfen bis zu Schützenscheiben und zeigen das bäuerliche und bürgerliche Leben der Region durch die Jahrhunderte. Das Museum ist im Rahmen einer Führung zu besichtigen.
■ In der Burg, Führung: Anmeldung in der Tourist-Information, Stadtplatz 1, Tel. 08683/70 07 10, Mai–Okt. Mi–So 14 Uhr, 5 €, Kinder 3 €

Parken

Direkt oberhalb der Burganlage (Kayberg) gibt es einen **kostenfreien Parkplatz**. Die Altstadt ist von dort aus in ca. 15 Min. zu Fuß erreichbar.

Restaurants

€ | **Ristorante Pizzeria Zum Tor** Im stimmungsvollen und edlen Ambiente unter Kreuzgewölbe kann man die besten Pizzen weit und breit genießen. ■ Stadtplatz 59, Tel. 08683/89 03 39, www.zum-tor-tittmoning.de, Di geschl.

Cafés

Konditorei Stadtcafé Schemmerer Eine große Auswahl an hausgemachten Kuchen und Torten. ■ Stadtplatz 7a, Tel. 08683/274, Mi geschl.

Erlebnisse

Plättenfahrt Auf den früheren Salzkähnen kann man heute von Tittmoning aus auf der Salzach stromabwärts Richtung Burghausen gleiten, entlang eindrucksvoller Landschaften. ■ Informationen und Anmeldung: Burghauser Touristik, Tel. 08677/88 71 40, www.visit-burghausen.com, 19 €, Kinder 12 €

In der Umgebung

Waginger See

| Badesee |

Der 6,6 km lange und bis zu 1,8 km breite See südlich von Tittmoning ist mit einer Wassertemperatur bis zu 27 Grad der wärmste Badesee Oberbayerns. Eine besonders schöne Badestelle ist mit dem schneeweißen Sandstrand das Strandbad Salzachinsel.

■ Musbach 7, Petting, Tel. 08681/313, www.waginger-see.de, Eintritt: 2,50 €

29 Traunstein

Ein pulsierendes Zentrum mit einem reichhaltigen Kulturangebot

Information

■ Tourist-Information, Stadtplatz 39, 83278 Traunstein, Tel. 0861/655 00, www.traunstein.de

Die ehemalige Salinenstadt ist heute das Behörden- und Schulzentrum der Region. Im »Herzen des Chiemgaus« treffen sich Einheimische und Gäste zum Bummeln, Einkaufen, Ausgehen, Essen und Kulturgenuss. Der altbayerische Charakter der Stadt mit etwas über 20 000 Einwohnern zeigt sich am intensivsten am Stadtplatz, der von der mächtigen frühbarocken Pfarrkirche St. Oswald überragt wird.

Sehenswert

Salinenkapelle St. Rupert und St. Maximilian

| Kirche |

Die Salinenkapelle gilt als größte Kapelle Deutschlands. Der auch »Aukirche« genannte und 1631 fertiggestellte Sakralbau mit kreuzförmigem Grundriss vereint gotische und barocke Elemente. Beeindruckend ist die Ausstattung mit üppigem Schnitzwerk und kunstvollen Bildern. Das zur Bauzeit entstandene Gestühl ist eines der ältesten im gesamten Chiemgau.

■ Zugang vom Karl-Theodor-Platz

Stadt- und Spielzeugmuseum

| Museum |

Neben Gemälden mit Motiven aus der Region, sakraler Kunst und Exponaten zum Thema Salinen und Handwerk steht die einzigartige Ausstellung mit historischem Spielzeug aus dem Zeitraum von 1870–1960 im Mittelpunkt dieses Museums. So gibt es zum Beispiel Modelleisenbahnen, mechanisch schlingernde Schiffe und eine tanzende Hochseilartistin zu bestaunen.

■ Stadtplatz 2, www.spielzeugmuseum-traunstein.de, April–Okt. Di–Sa 10–15, So 10–16 Uhr, Eintritt frei

Restaurants

€ | **Schnitzlbaumer** Im stilvollen Ambiente zwischen kupferglänzenden Braukesseln wird zu klassischer bayerischer Wirtshauskost das hauseigene Bier aus dem Fass ausgeschenkt. ■ Taubenmarkt 13, Tel. 0861/98 66 50, www.schnitzlbaumer.de, Di geschl.

Einkaufen

Bäckerei Schneider Besonders begehrt ist der Bauernlaib nach »Tiroler Art«, der nach einem Familienrezept hergestellt und mit Meersalz gewürzt wird. ■ Stadtplatz 42, Tel. 0861/98 63 70, www.geschmacksraum.de

Destillerie Schnitzer Das bekannteste Produkt ist der Mondino Amaro Bavarese, ein Aperitif, den es seit 2014 gibt. Bereits seit mehr als 170 Jahren stellt das Familienunternehmen Liköre und Brände her, die man im Hofladen kaufen kann. Besichtigung der Brennerei nach Voranmeldung. ■ Kaltenbach 1, Tel. 0861/52 88, www.destillerie-schnitzer.com, Di–Sa 14–19 Uhr

Hut Braun 1598 gegründet, ist das Hut-Fachgeschäft das älteste Einzelhandelsgeschäft in Traunstein und seit über 420 Jahren in Familienbesitz. Ein Paradies für jeden, der Hüte liebt. ■ Ludwigstr. 7, Tel. 0861/32 03, www.hut-mode.de/portfolio/hut-braun

Konzerte

Traunsteiner Sommerkonzerte Das einwöchige Kammermusik-Festival findet alljährlich Anfang September statt und ist weit über die Region hinaus bekannt. ■ www.traunstein.de

Events

Georgi-Ritt Die größte und wohl schönste Pferdewallfahrt Oberbayerns findet jährlich am Ostermontag statt. Festlich geschmückte Pferde, Kutschen, historische Gruppen und Musikkapellen ziehen vom Stadtplatz 2 km zur Pferdesegnung am Ettendorfer Kircherl. ■ www.georgi-verein.de

Am Stadtplatz von Traunstein trifft man sich zum Bummeln und Einkehren

30 Chiemsee

Ein See in wunderbarer Lage mit unzähligen Möglichkeiten

Kloster Frauenwörth und ein kleines Fischerdorf verstecken sich auf der Fraueninsel

Information

■ Chiemsee-Alpenland Tourismusverband, Felden 10, 83233 Bernau, Tel. 08051/ 96 55 50, www.chiemsee-alpenland.de

Der Chiemsee wird auch »Das bayerische Meer« genannt. Mit einer Fläche von 79,9 km² ist er der größte See Bayerns. Sein besonderer Reiz liegt in der Nähe zu den Chiemgauer Bergen, der Kampenwand (1669 m), dem Hochfelln (1674 m) und Hochgern (1748 m) sowie der Hochplatte (1583 m). Der Chiemsee ist ein beliebtes Segelrevier. Zu den Inseln Frauenchiemsee und Herrenchiemsee verkehren ganzjährig Linienschiffe. Die dritte Insel, Krautinsel genannt, ist unbewohnt.

Sehenswert

1 Heimatmuseum Prien

| Museum |

Das in einem Handwerkerhaus aus dem 16. Jh. untergebrachte Heimatmuseum in Prien ist eine Schatztruhe. Es zeigt Exponate wie einen Einbaum von 1850, mit dem die Fischer unterwegs waren. Auch der berühmte »Priener Hut« ist zu sehen, ein schwarzer Frauenzylinder mit Goldstickerei, der früher zur Tracht getragen wurde.

Plan S. 91

■ Valdagnoplatz 2, Prien, April–Okt. tgl. 13–17 Uhr, im Winter Sonderöffnungszeiten, 2 €, Kinder 1,50 €

2 Neues Schloss Herrenchiemsee

| Schloss |

6 *Der unvollendete Traum des Märchenkönigs*

1873 kaufte König Ludwig II. die 240 ha große Herreninsel inmitten des Chiemsees. Hier sollte das »Neue Versailles« entstehen, das in Linderhof nicht verwirklicht werden konnte. Ab 1878 wurde an der zweigeschossigen Dreiflügelanlage gebaut. Nach sieben Jahren waren 16 Millionen Goldmark verbraucht, die Bautätigkeit stagnierte und wurde mit dem Tod des Königs endgültig eingestellt. Ganze neun Tage hatte der Märchenkönig im Schloss Herrenchiemsee verbracht, dessen Prunkräume besichtigt werden können. Im Erdgeschoss des Neuen Schlosses ist ein König-Ludwig-II.-Museum untergebracht.

■ www.herrenchiemsee.de, Anfahrt siehe Verkehrsmittel S. 90, April–Okt. 9–18, Nov.–März 9.40–16.15 Uhr, 10 €, Kinder frei

3 Fraueninsel

| Insel |

Tagsüber ist die autofreie Insel mit 200 Einwohnern ein stark frequentiertes Ausflugsziel. Eine beliebte Anlaufstelle ist der Klosterladen der Abtei Frauenwörth, deren Kirche und Klosterhof nach Voranmeldung zu besichtigen sind. Wer im altehrwürdigen Hotel zur Linde (www.linde-frauen chiemsee.de) übernachtet, hat die Insel am Abend nahezu für sich alleine.

■ Anfahrt siehe Verkehrsmittel S. 90, www.frauenwoerth.de

ADAC Mobil

Seit 1887 verbindet die 1,91 km lange **Chiemsee-Bahn** den Bahnhof von Prien mit der Schiffsanlegestelle im Ortsteil Prien-Stock. In der Hauptsaison wird die Lokomotive der Schmalspurbahn manchmal noch mit Dampf betrieben.
Seestr. 108, Prien, Tel. 08051/60 90, www.chiemsee-schifffahrt.de

4 EFA Mobile Zeiten

| Museum |

16 *Ein interessanter Blick in die Automobilgeschichte*

Mehr als 220 deutsche Oldtimer und Autolegenden aus den vergangenen 100 Jahren sind auf 6000 m² Ausstellungsfläche zu sehen. Darunter der erste Benz Motorwagen, elegante Kreationen der 1920er- und 1930er-Jahre und schnuckelige Kleinwagen aus den 1950er-Jahren. Darüber hinaus zeigt das Museum historische Zapfsäulen und Tankstelleneinrichtungen sowie eine Modelleisenbahn.

■ Wasserburger Str. 38, Amerang, www.efa-mobile-zeiten.de, März, Okt., Nov. Do–So 10–18 Uhr, April, Mai Mi–So, Juni–Sept. Di–So, 13,50 €, Kinder 8 €

5 DASMAXIMUM

| Museum |

17 *Treffpunkt für anspruchsvolle Museumsbesucher*

Das Museum für Gegenwartskunst zeigt auf 3000 m² Werke von Georg Baselitz, John Chamberlain, Walter De Maria, Dan Flavin, Imi Knoebel, Uwe Lausen, Andy Warhol und Maria Zerres, enge Weggefährten des Galeristen Heiner Friedrich, der für den Besucher die intensive Begegnung mit aktueller Kunst möglich macht.

■ Fridtjof-Nansen-Str. 16, Traunreut, www.dasmaximum.com, April–Sept. Sa, So 12–18, sonst Sa, So 11–16 Uhr, 8 €, Kinder 5 €

Verkehrsmittel

Chiemsee-Schifffahrt Ganzjährig auf dem Chiemsee von den Orten Prien, Gstadt, Seebruck, Chieming, Übersee und Bernau aus verkehren Schiffe zur Frauen- und Herreninsel. ■ Seestr. 108, Prien, www.chiemsee-schifffahrt.de

Parken

Parkplatz Prien/Stock Großer Parkplatz im Bereich des Anlegestegs, bis 30 Min. frei, bis 2 Std. 3 €, Tagestarif 4,50 €. Auch in Gstadt, Seebruck, Chieming, Übersee und Bernau gibt es gebührenpflichtige Parkplätze im Bereich der Anlegestege.

Restaurants

€ | **Winklfischer** Chiemseefischerei mit kleinem Fischlokal, in dem es Frischfisch aus eigenem Fang und hausgemachte Fischschmankerln gibt. Biergarten direkt am See mit Steckerlfisch-Braterei. ■ Forellenweg 28, Prien, Tel. 08051/64317, www.winklfischer.de, unregelmäßige Öffnungszeiten (am besten vorher anrufen), Plan S. 91 a3

€€ | **Pura** Das originell gestylte Restaurant bietet vegetarische und vegane Köstlichkeiten aus biologischem Anbau. ■ Gstadter Str. 1, Breitbrunn, Tel. 08054/908 57 03, www.pura.restaurant.de, Mi–Sa 17–22, So 12–21 Uhr, Plan S. 91 b2

Cafés

Café Seehäusl Das beliebte Ausflugsziel ist Café, Biergarten, Bar und Restaurant in einem. Angeschlossen ist eine Liegewiese mit Kiesstrand. ■ Am See 8, Gstadt-Gollenshausen, Tel. 0170/409 86 72, Mo–Fr 9–17 Uhr, Plan S. 91 b2

Einkaufen

Reinhard Deyerl Der Kunsthandwerker fertigt u. a. Lampen und Möbel aus abgeworfenen Hirschgeweihstangen. ■ Schlossstr. 9, Grabenstätt, Tel. 0171/712 19 83, www.deyerl.com, Plan S. 91 c3

Kneipen, Bars und Clubs

Sundownerbar An einem der schönsten Plätze am Chiemsee öffnet bei gutem Wetter eine Lounge-Bar. Bei stimmungsvoller Musik und leckeren Cocktails bietet sich den Gästen am naturbelassenen Sandstrand ein grandioser Sonnenuntergang. Die Strandbar gehört zum Chiemgauhof, der für sein hervorragendes Restaurant und das angeschlossene Hotel bekannt ist. Es gibt auch einen gepflegten Biergarten mit Traumblick. ■ Julius-Exter-Promenade 21, Übersee, Tel. 08642/898 70, www.chiemgauhof.com, Plan S. 91 b3

Bühne

Gut Immling Für alle Liebhaber klassischer Musik ein Muss: 10 km vom See entfernt, findet alljährlich von Juni bis August das Immling Festival, ein Opern-Festival, statt. Die ehemalige Reithalle des Guts wird zur Bühne für Aufführungen auf beachtlichem Niveau. ■ Halfing, Tel. 08055/ 903 40, www.gut-immling.de, Plan S. 91 a2

Erlebnisse

Ballonfahrt Den Chiemsee vom Heißluftballon aus zu erleben, ist ein unvergessliches Erlebnis. Ganzjähriger Fahrbetrieb. ■ Chiemseeballooning, Tel. 08051/71 44, www.chiemseeballooning.de, ab vier Pers. 210 € pro Pers.

Sport

Chiemsee Radweg Auf einer Strecke von 55 km einmal rund um den Chiemsee: ein Genuss-Radweg, auf dem nur 159 Höhenmeter zu überwinden sind. ■ www.chiemsee-alpenland.de, Einstieg überall am Chiemsee möglich

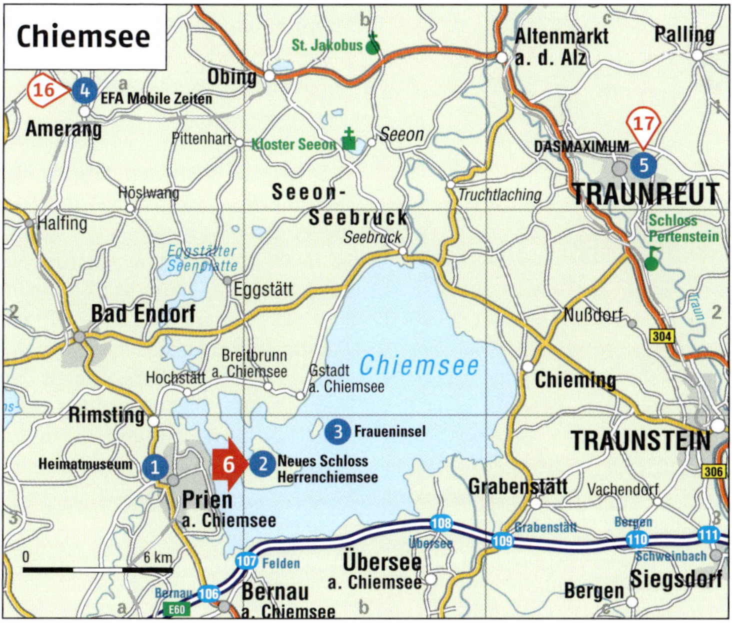

Pause vor dem Gipfelanstieg: Steinlingalm unterhalb der Kampenwand

31 Aschau im Chiemgau

Ein idyllischer Ort mit einem Naturparadies ringsum

Information

■ Tourist Info, Kampenwandstr. 38, 83229 Aschau im Chiemgau, Tel. 08052/ 904 90, www.aschau.de

Die beiden Zwiebeltürme der Pfarrkirche Mariä Lichtmess überragen das liebliche Städtchen im Priental, das allerdings im Zentrum ein bisschen unter dem regen Durchgangsverkehr zu leiden hat. Markant ist der Höhenrücken im Süden, auf dem Schloss Hohenaschau thront. Der traditionelle Fremdenverkehrsort Aschau ist ein idealer Ausgangspunkt für Wanderungen sowie Rad- und Bergtouren, etwa auf den Hausberg: die Kampenwand.

Sehenswert

Schloss Hohenaschau

| Schloss |

Die 1167 gegründete Burg Hohenaschau war sieben Jahrhunderte der Sitz adliger Dynastien. Anfang des 20. Jh. wurde die Anlage zum Wohnschloss umgebaut. Heute ist darin ein Erholungsheim für Bundesangestellte untergebracht. Einige Räumlichkeiten sowie die Schlosskapelle mit Gemälden von Johann Baptist Zimmermann können im Rahmen von Führungen besichtigt werden.

■ Schloßbergstr. 1, www.aschau.de, Führungen: Mai–Okt. Di, Do 13.30 und 15, Mi, Fr 10 und 11.30, So und Feiertage 13.30 und 15 Uhr, 7 €, Kinder 5 €

Kampenwand

| Berg |

18 *Einer der schönsten Aussichtsberge Oberbayerns*

Die Kampenwand ist auch bei Klettersportlern und Gleitschirmfliegern beliebt. Im Winter gibt es ein kleines Skigebiet. Die 4-Personen-Gondel schafft es in 14 Min. von Hohenaschau zur Bergstation auf 1470 m. Von dort führt ein halbstündiger Panoramaweg zur herrlich gelegenen Steinlingalm unterhalb des markanten Felsengipfels der Kampenwand. Der 45-minütige Aufstieg von dort auf den Gipfel ist anspruchsvoll und nur für geübte, trittsichere und schwindelfreie Bergwanderer zu empfehlen.

■ An der Bergbahn 8, www.kampenwand.de, tgl. 9–16.30, Juli–Sept. bis 18 Uhr, Berg- u. Talfahrt 22 €, Kinder 10,50 €

Restaurants

€ | Ratskeller Gemütliches und solides Wirtshaus mit bayerischer Küche und kleinem Biergarten. ■ Kampenwandstr. 31, Tel. 08052/4596, www.ratskeller-aschau.de, Fr–So ab 17, So auch 11–14 Uhr

€€ | speis&seele Wer in wirklich exzellente Verköstigung gerne etwas mehr investiert, ist hier bestens aufgehoben. ■ Schulstr. 9, Tel. 08052/6060285, www.speisundseele.de, Do–Sa 18–22 Uhr

Cafés

Café Pauli Auf einem Höhenrücken am Ortsrand von Aschau gelegen, mit wunderbarem Blick auf die Chiemgauer Berge. Hausgemachte Kuchen und Eisspezialitäten. Für die kleinen Gäste gibt es einen großen Spielplatz und einen Streichelzoo. ■ Höhenberg 3, Tel. 08052/90740, www.cafe-pauli.de, April–Okt. Mi–Mo ab 8 Uhr, sonst geschl.

32 Achental

Ein romantisches Gebirgstal mit intakter bäuerlicher Struktur

Information

■ Touristik-Information, Schulstr. 4 – Bürgerhaus, 83259 Schleching, Tel. 08649/220, www.schleching.de

Das bilderbuchschöne Gebirgstal führt vom Chiemsee bis zur österreichischen Grenze im Süden. Die Hälfte der Fläche ist von Wald bedeckt, weitere 30 Prozent der Fläche sind Biotope und Schutzgebiete. Im Tal und auf den Almen herrscht größtenteils noch eine intakte kleinbäuerliche Struktur, geprägt von Milchviehhaltung. Es gibt in den sehenswerten Hauptorten des Achentals, etwa in Grassau, Marquartstein, Schleching und Unterwössen, viele kleinere Handwerks- und Gewerbebetriebe. Ein Landstrich, der zwar in den letzten Jahren als Urlaubsregion mehr in den Fokus gerückt ist, aber immer noch oberbayerische Ursprünglichkeit vermittelt.

Sehenswert

Streichenkapelle

| Kirche|

Erhaben über dem Achental thront die Wallfahrtskirche St. Servatius, von den Einheimischen Streichenkapelle genannt. Das Langhaus stammt aus der Zeit zwischen dem 13. und 14. Jh. und vereint romanische und gotische Stilformen. Im vergangenen Jahrhundert wurden spätgotische Fresken entdeckt und freigelegt. Ein besonderer Kunstschatz ist der um 1410 entstandene Kastenaltar an der Chorostwand. Wenige Meter unterhalb der Kirche liegt das ehemalige Mesnerhaus, heute eines der schönsten und urigsten Gasthäuser Oberbayerns.

■ Kirche und Gasthof sind nur zu Fuß zu erreichen, Gehzeit vom Wanderparkplatz ca. 10 Min., Anfahrt: B307 Schleching Richtung Kössen, kurz nach Wagrain links Richtung Achberg, der Beschilderung bis zum Parkplatz folgen, Berggasthof Streichen, Tel. 08649/265, Mo geschl.

Restaurants

€–€€ | Gasthaus Zellerwand 1853 erbaut, ist die Gaststube die älteste im Original erhaltene im gesamten Chiemgau. Die mehrfach ausgezeichnete Küche bietet alpenländische Klassiker und österreichische Dessertspezialitäten. ■ Raitener Str. 46, Schleching, Tel. 08649/217, www.gasthof-zellerwand.de, Dez.–Ostern Do ab 17 Uhr, Fr–So 11–22, Mai–Okt. Do–Mo 11–24 Uhr

Cafés

Bonbon & Keksi Die Café-Konditorei ist so originell, wie es der Name verspricht. Und insbesondere die Kuchen sind ein Traum! ■ Raitener Str. 25, Tel. 08649/248, Mi 6.30–18, Do–So 6.30–17 Uhr

Kinder

Bergwalderlebnisweg Staffen Der 4,25 km lange Rundweg mit Infotafeln, Spielstationen und Entspannungsliegen startet bei der Bergstation der Hochplattenbahn. ■ Hochplattenbahn: Schloßstr. 46, Marquartstein, www.bergwalderlebnisweg.de, Berg- und Talfahrt 10 €, Kinder 6 €

Wandern

Moorrundweg Kendlmühlfilzen Eine etwa einstündige Wanderung führt durch das raue, schöne und stille Hochmoor. Auch mit Kinderwagen und Rollstuhl möglich. ■ Ausgangspunkt: Ende der Moosbacher Straße, Grassau, www.grassau.de

Hefteralm Eine Stunde dauert der Aufstieg zu der schönen Alm, auf der die Gäste mit Bergkäse, selbst gebackenem Brot und Apfelhollermost bewirtet werden. ■ Ausgangspunkt: Parkplatz Hochplattenbahn, Schloßstr. 46, Marquartstein, Hüttentel. 0171/526 61 45

Schmugglerweg und **Samerrundweg** Ein leichter, aber abwechslungsreicher und oft spektakulärer Rundweg. Drei der vielen Highlights sind die Hängebrücke über die Ache, die Wallfahrtskirche Maria Klobenstein und die Streichenkapelle. ■ Ausgangspunkt: Wanderparkplatz Geigelsteinbahn, Geigelsteinstr. 55, Schleching, Streckenlänge: 14,5 km, Höhenmeter im Aufstieg: 543 m, Gehzeit: ca. 4,5 Std.

33 Reit im Winkl

Für den Winter berühmt und auch im Sommer beliebt

Information

■ Tourist Information, Dorfstr. 38, 83242 Reit im Winkl, Tel. 08640/800 20, www.reitimwinkl.de

Das 2400-Einwohner-Dorf im Kaiserwinkl ist als »Schneeloch« bekannt. Und als Heimat berühmter Wintersportler wie Olympia-Ikone Rosi Mittermaier und Skilangläuferin und Biathletin Evi Sachenbacher-Stehle. Doch auch im Sommer hat der traditionelle Fremdenverkehrsort mit grandioser Bergwelt ringsum seine Reize.

Sehenswert

Skimuseum

| Museum |

Das Museum ist mit über 2000 Paar Ski eine der größten Sammlungen Europas und zeigt die Entwicklung des Skisports. Und: Man darf die Ausstellungsstücke anfassen! Das schönste Exponat ist ein mit Leopardenfell und goldener Bindung geschmückter Ski, mit dem die persische Kaiserin Farah Diba einst auf die Piste ging.

■ Schulweg 1, Tel. 08640/800 27, www.reitimwinkl.de, Di, Do 15–17 Uhr

Restaurants

€ | Stoaner Alm Neu gebautes Wirtshaus im Ortsteil Birnbach mit urigem Ambiente und bayerischer Küche. Holzterrasse mit Panoramablick ins Kaisergebirge. Jeden Donnerstag findet ein zünftiger Hüttenabend statt. Reservierung empfehlenswert! ■ Birnbacher Str. 34, Tel. 08640/8414, www.stoaner-alm.de, Di geschl.

Erlebnisse

Dürrnbachhorn Nostalgie-Sesselbahn Die Sesselbahn mit selten gewordenen Einzel-Sesseln bringt die Gäste in 20 Min. von der Winklmoos-Alm (1195 m) hinauf zum Dürrnbacheck (1610 m). Bei der Bergstation lädt das Panorama-Wirtshaus Dürrnbachhorn zur Einkehr. Der Aufstieg zum Gipfel (1778 m) ist steil, aber reizvoll. ■ Dürrnbachhornweg 16, Tel. 08640/8148, www.nostalgiebahn.com, Juni–Okt., Berg- und Talfahrt 16 €, Kinder 10 €

Events

1919 gegründet, bietet die örtliche Laiendarstellergruppe bis heute ein Heimat- und Bauerntheater auf beachtlichem Niveau. ■ Aufführungen im Festsaal, Tirolerstr. 37, Kartenvorverkauf: Tourist Information (siehe S. 94), www.reitimwinkl.de

Sport

Skigebiet Winklmoosalm-Steinplatte Flache, breite und sonnige Pisten. 13 Lifte und 44 Pistenkilometer, auch in der Hochsaison nicht überlaufen. ■ www.winklmoosalm.de

Wandern

Hemmersuppenalm Über die Talwiesen geht es zum Wimmerkreuz und zu den Sprungschanzen, dann aufwärts zur bewirtschafteten Hindenburghütte (1200 m) auf der oberen Hemmersuppenalm. Der Abstieg erfolgt über

Das Skigebiet Steinplatte in Reit im Winkl bietet Traumbedingungen für Skifahrer

die Nattersbergalm zum Parkplatz Seegatterl. Der Bus bringt einen zurück nach Reit im Winkl. ■ Ausgangspunkt: Tourist Information, Dorfstr. 38, Gehzeit ca. 4 Std., 500 Höhenmeter im Aufstieg

34 Ruhpolding

Vielfältige Sportmöglichkeiten und intensiver Naturgenuss

Information

■ Tourist Info, Bahnhofstr. 8, 83324 Ruhpolding, Tel. 08663/880 60, www.ruhpolding.de

Der bekannte Kur- und Fremdenverkehrsort, dessen Name traditionell auf der ersten Silbe betont wird, liegt sonnig und malerisch in einem weiten Talkessel. Gerahmt wird er von den Hausbergen Rauschberg (1645 m), Unternberg (1425 m) und Hochfelln (1674). Seit der Fertigstellung des Biathlon-Leistungszentrums 1978 ist Ruhpolding auch als Biathlonort bekannt. Die Wintersportler locken landschaftlich überwältigende Loipen von insgesamt 150 km Länge sowie drei kleine Skigebiete in der Umgebung. Im Sommer genießen die Gäste eine Vielzahl von Badeseen, Wander- und Radfahrmöglichkeiten und einfach die idyllische Natur ringsum. Ja, man hat den Eindruck, hier im Miesenbacher Tal ist die Welt noch in Ordnung.

Sehenswert

Glockenschmiede

| Museum |

Die im 17. Jh. entstandene Glockenschmiede ist eine der wenigen erhaltenen Hammerschmieden in Bayern und bereits seit 1936 unter Denkmalschutz gestellt. Mitte der 1950er-Jahre wurde hier die letzte Kuhglocke geschmiedet. Im Museumsladen kann man Kuhglocken jeder Größe, geschmiedete Eisenpfannen und andere Souvenirs kaufen.

■ Haßlberg 6, www.museum-glockenschmiede.de, Mitte Mai–Sept. witterungsabhängig geöffnet (Zeiten siehe Webseite), 4,50 €, Kinder 2,50 €

St. Georg

| Kirche |

Die im 18. Jh. im Stil des Rokoko errichtete Pfarrkirche birgt mit der »Ruhpoldinger Madonna« einen Kunstschatz. Die Marienfigur mit Jesuskind entstand um 1220 und ist in einer goldenen Nische im rechten Seitenaltar zu sehen. Und eine Rarität: Die Kirchenbänke weisen noch zahlreiche Kirchenstuhlschilder aus dem 18. und frühen 19. Jh. auf.

■ Kirchberggasse 9

Restaurants

19 € | **Berggasthof Butzn Wirt** Ein Berggasthof, wie er schöner nicht sein könnte, gemütlich, einladend und wunderbar zwischen Obstbäumen gelegen. Auf den Tisch kommt herzhafte Küche, es gibt auch vegetarische und vegane Gerichte. ■ Brand 18, Tel. 08663/14 22, www.butznwirt.eu, tgl. ab 17 Uhr, Mi, Sa geschl.

€ | **Mesnerwirt** Im Nachbarort Siegsdorf findet man das Idealbild eines oberbayerischen Wirtshauses: urig, bodenständig und unübertrefflich schön. Die Speisekarte ist klein, aber was es gibt, ist gut. ■ St.-Johann-Str. 22, Siegsdorf, Tel. 08662/74 30, www.mesnerwirt-stjohann.de, Do–So 12–22 Uhr

Cafés

Windbeutelgräfin Im urigen Café seines Einfirsthofs von 1729 serviert Sepp Schwalber die legendären Riesenwindbeutel. ■ Brandner Str. 23, Tel. 08663/16 85, www.windbeutelgraefin.de, Mi–So 10–18 Uhr

Kinder

Freizeitpark Ruhpolding Der Park mit 60 Attraktionen wie Bergachterbahn, Kletterpark und Märchenpark ist ein Paradies für kleine und große Kinder. ■ Vorderbrand 7, Tel. 08663/14 13, www.freizeitpark.by, 18,90 €, Kinder unter 90 cm freier Eintritt, ab 90 cm 16,80 €

Erlebnisse

Biathlon-Schnupperkurse Die Sportart Biathlon selbst testen und im WM-Stadion mit ungefährlichen Laserwaffen schießen, das ist im Biathloncamp Fritz Fischer im Winter und auch im Sommer möglich. ■ Tel. 08663/ 41 80 70, www.biathloncamp.de

Wandern

Röthelmoss Almen Ein Klassiker ist die einfache Wanderung zur Dandelalm und Langerbaueralm. ■ Ausgangspunkt: Wanderparkplatz Urschlau am Ende der Straße Ruhpolding–Brand, Aufstieg: 1 Std., 120 Höhenmeter im Anstieg

In der Umgebung

Weißbachschlucht

| Naturerlebnis |

Ein eindrucksvolles Erlebnis ist eine Wanderung durch die Weißbachschlucht. Der schmale, 6 km lange Pfad führt über Treppen und Steige vorbei an Wasserfällen, während unten der wilde Weißbach tobt. Unbedingt Schuhe mit rutschsicherem Profil tragen. Bei Nässe ist die Wanderung nicht zu empfehlen. Im Winter ist der Weg nicht begehbar.

■ Einstieg am Landhotel Mauthäusl, Weißbach, Schneizlreuth, www.hotel-mauthaeusl.de

Unwiderstehlich: die Windbeutel im Café Windbeutelgräfin in Ruhpolding

Gefällt Ihnen das?

Wenn Ihnen die Wanderung durch die Weißbachschlucht und die eindrucksvolle Demonstration der Macht des Wassers gefallen hat, dann besuchen Sie auch die **Wimbachklamm** bei Ramsau (S. 105) und die noch spektakulärere **Partnachklamm** (S. 118) bei Garmisch-Partenkirchen.

Übernachten

Die Liste der Empfehlungen könnte auch dreimal so lang sein. Denn im Chiemgau gibt es in jeder Kategorie eine Vielzahl an Hotels mit Stammgastpotential. Viele der Unterkünfte vereinen auf geschmackvolle Weise alpine Tradition mit modernem Style. Das Preis-Leistungs-Verhältnis ist größtenteils weit überdurchschnittlich. Und auffallend ist im Service die Freundlichkeit, die auch dem Wesen der Menschen hier entspricht.

Rosenheim 78

€€ | **Hirzinger** Im Jahre 1477 wurde der 13 km von Rosenheim entfernte Gasthof erstmals erwähnt. Die modern und stilvoll eingerichteten Zimmer setzen einen wirkungsvollen Kontrast zur Historie des Hauses, das eines der urigsten Restaurants des Chiemgaus birgt. ■ Endorfer Str. 13, 83083 Riedering, Tel. 08036/12 66, www.hirzinger.eu

€€ | **Hotel San Gabriele** 3 km von der Innenstadt entfernt steht dieses außergewöhnliche Hotel, das mit viel Liebe zum Detail im Stil eines mittelalterlichen Klosters errichtet und eingerichtet wurde. Das Hotel-Restaurant serviert in romantischem Ambiente. ■ Zellerhornstr. 16, 83026 Rosenheim, Tel. 08031/260 70, www.hotel-sangabriele.de

Altötting 81

€€ | **Hotel Münchner Hof** Zentraler geht's nicht: Das Hotel an der Westseite des Kapellplatzes, 1681 erbaut, ist ein ehemaliges Chorherren-Stift. Die Zimmer sind einfühlsam restauriert. Mit gutem Restaurant. ■ Kapellplatz 12, 84503 Altötting, Tel. 08671/68 68, www.muenchnerhof-altoetting.de

Burghausen 83

€€ | **Klostergasthof Raitenhaslach** Ein außergewöhnliches Erlebnis: Übernachten in den altehrwürdigen Gemäuern des ehemaligen Zisterzienserklosters. Die Zimmer sind mit Kristalllüstern, goldenen Samtvorhängen und edlen Daunenbetten ausgestattet. Zur Klosteranlage gehört der Klostergasthof, der als einer der schönsten Bayerns gilt. ■ Raitenhaslach 9, 84489 Burghausen, Tel. 08677/97 30, www.klostergasthof.com

Tittmoning 85

€€ | **Landhaus Tanner** 14 km von Tittmoning entfernt liegt das kleine Vier-Sterne-Landhaus am Ortsrand von Waging am See. Auf stilvolle Weise verbindet sich hier zeitgemäßes Design mit bayerischer Tradition. ■ Aglassing 1, 83329 Waging am See, Tel. 08681/697 50, www.landhaus-tanner.de

Traunstein 86

€ | **Holzleitnerhof** Ein idyllischer Bauernhof mit Ferienwohnungen, 4 km außerhalb des Zentrums von Traunstein in Alleinlage. Mit Spielplatz und vielen Tieren auch ein Paradies für Kinder. ■ Holzleiten 1, 83278 Traunstein, Tel. 0861/68 91, www.holzleitnerhof.de

Chiemsee 88

€€ | Hotel Neuer am See Das familiengeführte Hotel im Chalet-Stil liegt in Prien eine Gehminute vom Ufer des Chiemsees. Komfortable und geschmackvoll eingerichtete Zimmer. Im Haus ist ein Restaurant sowie ein Konditorei-Café, das für seine Torten berühmt ist. ■ Seestr. 104, 83209 Prien am Chiemsee, Tel. 08051/60 99 60, www.neuer-am-see.de

Aschau im Chiemgau 92

€ | Gasthof Brucker Traditionsreiches Haus am Ufer der Prien. Einfache aber gepflegte Zimmer und Ferienwohnungen. Im beliebten Restaurant gibt es fangfrische Forellen und bayerische Schmankerln. ■ Schlossbergstr. 12, 83229 Aschau im Chiemgau, Tel. 08052/49 87, www.gasthofbrucker.de

€€€ | Residenz Heinz Winkler Vor allem für Gourmets ist dieses Haus eine der ersten Adressen Oberbayerns. Denn die Sterneküche von Starkoch Heinz Winkler krönt das luxuriöse Ambiente des Fünf-Sterne-Hotels. ■ Kirchplatz 1, 83229 Aschau im Chiemgau, Tel. 08052/179 90, www.residenz-heinz-winkler.de

Achental 93

€ | Schusterbauer-Hof Ein Bauernhof wie aus dem Bilderbuch in Alleinlage und mit herrlichem Panoramablick. Für die Gäste stehen Zimmer und Ferienwohnungen zur Verfügung. Sehr einfach, aber urig und preiswert. Viele Tiere, die die kleinen Gäste begeistern. ■ Pfalzenweg 6, 83259 Schleching, Tel. 08649/383, www.schusterbauer-hof.de

Reit im Winkl 94

€–€€ | Beim Nuihausa Charmantes Gästehaus mit Zimmern und Ferienwohnungen im Herzen der Stadt. Eingerichtet im zeitgemäßen Alpen-Style. Großzügiger Sauna- und Spa-Bereich. ■ Dorfstr. 9, 83242 Reit im Winkl, Tel. 08640/81 64, www.nuihausa.de

€€€ | Hotel Gut Steinbach Romantisch und luxuriös: ein Hotel für besondere Anlässe. Sehr stilvoll im Alpen-Chic gestylt. Bade- und Saunalandschaft, Spa, Fitness. Restaurant mit verschiedenen Stuben und Kamin-Bar. Angeschlossen ist ein neues Chalet-Dorf. ■ Steinbachweg 10, 83242 Reit im Winkl, Tel. 08640/80 70, www.gutsteinbach.de

Ruhpolding 96

€–€€ | Landhotel Maiergschwendt In ruhiger Lage, ein paar Minuten zu Fuß vom Stadtkern entfernt. Im Anbau gibt es modern gestaltete Bio-Zimmer. Hier wohnen auch gerne Olympiasieger und Weltmeister, wenn sie im Biathlon-Zentrum trainieren. Sauna und hauseigenes Restaurant. ■ Maiergschwendt 1, 83324 Ruhpolding, Tel. 08663/881 50, www.landhotel-maiergschwendt.de

€€ | Hotel zur Post Im Zentrum, mit Pool und Spa. Tipp: nach Zimmern im modernen Style verlangen. Gemütliches Restaurant im Haus. ■ Hauptstr. 35, 83324 Ruhpolding, Tel. 08663/54 30, www.hotel-post-ruhpolding.de

Berchtesgadener Land

Hohe Gipfel, ein berühmter See und Städte, die vom Reichtum durch die Salzgewinnung zeugen

Hier ist alles ein bisschen intensiver. Die Mächtigkeit der umliegenden Berge, allen voran der 2713 m hohe Watzmann, das leuchtende Smaragdgrün des berühmten Königssees, die Direktheit der Menschen und die Pracht der Häuserfassaden. Wie die Schwanzspitze des bayerischen Wappenlöwens ragt die Region nach Österreich hinein. Und mehrfach wanderte sie in der Historie zwischen Salzburg und Bayern hin und her. Das hinterließ Spuren. Zum einen, indem man die eigene Identität umso mehr betont: Nirgendwo in Bayern ist das Brauchtum so tief verwurzelt wie hier im äußersten Südosten Bayerns. Zum anderen prägte aber auch eine kräftige Portion des für die K.-u-k.-Monarchie typischen Charme diesen Landstrich, von dem sich nicht nur die Liebe zu Mehlspeisen erhalten hat. Salzburg ist die nächste große Stadt und für das Berchtesgadener Land weitaus prägender als die bayerische Landeshauptstadt München, die mehr als 100 km entfernt liegt. Von entscheidender Bedeutung für die Gegend mit etwas über 100 000 Einwohnern sind seit dem Frühmittelalter das Solevorkommen und die Salzverarbeitung. Salz machte die Gegend reich, führte aber auch zu Kriegen. Der wertvolle Rohstoff hat jedoch einen großen Vorteil, von dem das Berchtesgadener Land bis heute profitiert: Die Industrie ist unter Tage. An der Oberfläche stört nichts die vollkommene Schönheit und perfekte Idylle der Landschaft. Zur Historie gehört auch, dass Adolf Hitler auf dem Obersalzberg residierte. Ein Lern- und Erinnerungsort dokumentiert heute diese dunkelste Phase der Zeitgeschichte.

In diesem Kapitel:

ADAC Top Tipps:

7 Salzbergwerk Berchtesgaden
| Schaubergwerk |
Mit der Grubenbahn und auf Rutschen tief hinunter ins Stollenlabyrinth: Im Besucherbergwerk kann man die Geschichte von 500 Jahre Salzabbau erleben. 106

8 Schifffahrt auf dem Königssee

| Naturerlebnis |

Mit dem Schiff auf dem smaragdgrünen Wasser nach St. Bartholomä übersetzen und unterwegs das berühmte Echo vom Königssee erleben. 109

ADAC Empfehlungen:

20 Alte Saline, Bad Reichenhall

| Industriedenkmal |

So wurde früher die wertvolle Sole gewonnen: Besichtigung eines Industriedenkmals. 102

21 Wallfahrtskirche Maria Gern

| Kirche |

Idyllisch gelegen und kunstgeschichtlich von großer Bedeutung. 107

22 Roßfeldpanoramastraße

| Panoramastraße |

Deutschlands höchste durchgehende Straße führt bis auf 1570 Meter. 113

35 Bad Reichenhall

Nostalgisches Flair und Einblicke in die Stadtgeschichte

Information

■ Berchtesgadener Land Tourismus, Wittelsbacher Str. 15, 83435 Bad Reichenhall, Tel. 08651/71 51 10, www.bad-reichenhall.de

Schon in römischer Zeit ist in der Stadt im Reichenhaller Talkessel die Salzproduktion nachweisbar. Die Blütezeit erlebte »das Meran des Nordens«, wie Bad Reichenhall genannt wird, Mitte des 19. Jh. Nach einem großen Stadtbrand 1834, von dem nur die Häuser rings um den Florianiplatz verschont blieben und das charakteristische Bild eines ursprünglichen, alpenländischen Dorfplatzes vermitteln, sorgte König Ludwig I. für den Wiederaufbau zum mondänen Kur- und Badeort. Seit 1890 darf sich die Stadt mit dem Zusatz »Bad« schmücken und wurde wenig später gar zum Königlich Bayerischen Staatsbad. Die Gesundheitsreform von 1996 war für Bad Reichenhall ein schwerer Schlag, die Kurgastzahlen brachen ein. Mit der Eröffnung der Rupertusthermen 2005 versuchte die Stadt, dieser Entwicklung gegenzusteuern. Heute bietet der Ort eine spannende Mischung aus nostalgischem Flair und gelungenen Versuchen, sich neu zu erfinden.

Sehenswert

Alte Saline

| Industriedenkmal |

20 *So wurde hier früher die wertvolle Sole gewonnen*

Eine Führung durch die 1840 bis 1929 aktive Alte Saline ist sicherlich der Höhepunkt eines Besuchs in Bad Reichenhall. Im Hauptbrunnhaus drehen sich bis heute die beiden gigantischen Wasserräder, die einen Durchmesser von 13 m aufweisen. Beeindruckend ist

Am Sole-Trinkbrunnen in Bad Reichenhall kann man das Heilwasser kosten

auch das weitverzweigte unterirdische Stollensystem.

■ Alte Saline 9, www.alte-saline.de, Mai–Okt. tgl. 10–16, Nov.–April Di–Sa 11–15, 1. So im Monat 11–15 Uhr, 12 €, Kinder 6,50 €, Familienkarte 26,50 €

Königliche Kuranlage

| Kuranlage |

In der Kuranlage lässt sich in der 1912 eröffneten Wandelhalle mit Trinkpavillon Kuratmosphäre schnuppern. Und am Sole-Trinkbrunnen aus rotem Ruhpoldinger Marmor kann man das Heilwasser kosten. Besonders im Sommer lädt der weitläufige Kurgarten zur Entschleunigung ein.

■ Salzburger Str. 7, tgl. 7–22 Uhr, Eintritt frei

Münster St. Zeno

| Kirche |

Das Münster St. Zeno, im Jahre 1228 geweiht, gilt als der größte romanische Kirchenbau Oberbayerns. Allerdings sind die romanischen Elemente durch viele Umbauten nur noch an wenigen Stellen zu sehen, so zum Beispiel am Portal aus rotem und weißem Marmor. Sehenswert ist das geschnitzte Chorgestühl von 1520 sowie die Kanzel im Stil der Frührenaissance.

■ Salzburger Str. 30

Verkehrsmittel

Predigtstuhlbahn Die 1928 in Betrieb genommene und denkmalgeschützte Predigtstuhlbahn ist die älteste im Original erhaltene Großkabinenseilbahn der Welt. Die 9-minütige Fahrt mit ihr, auf der 1150 Höhenmeter zurückgelegt werden, ist ein Erlebnis. An der Bergstation in 1583 m Höhe wartet ein Berghotel mit nostalgischem Charme und grandioser Aussicht. ■ Südtiroler Platz, www.predigtstuhlbahn.de, Berg- und Talfahrt 49 €, Kinder 39 €

Im Blickpunkt

Salzgewinnung

Bad Reichenhaller ist die bekannteste Salzmarke in Deutschland und mit einer Historie von 700 Jahren die älteste Marke der Welt. Das Salz wird aus Natursole gewonnen, salzhaltiges Quellwasser aus dem Bad Reichenhaller Becken, das mit bis zu 26 Prozent Salz angereichert ist. Das 20 000 Jahre alte Quellwasser wird aus einer Tiefe bis zu 450 m in die Saline hochgepumpt. Früher wurde die Sole dort in riesigen, flachen Pfannen über dem Feuer erhitzt, bis das Salz kristallisierte und abgeschöpft werden konnte. Heute übernehmen diesen Arbeitsschritt hochmoderne Thermokompressionsanlagen. Etwa zwei Drittel der in Bad Reichenhall verarbeiteten Sole kommen über eine Soleleitung aus dem Salzbergwerk von Berchtesgaden. Und das bereits seit 200 Jahren. Die ursprüngliche, 29 km lange Leitung wurde 1817 fertiggestellt. Seit 1961 gibt es eine leistungsfähigere Leitung mit kürzerer Streckenführung.

Parken

Das Ortszentrum von Bad Reichenhall ist Fußgängerzone. Der kostenpflichtige **Parkplatz Heilingbrunnerstr. 1** liegt nahe an allen Sehenswürdigkeiten, 1 Std. 1 €, 24-Std.-Ticket 9 €

Restaurants

€€ | Salin Im ehemaligen Sudhaus der alten Saline wird heute modern interpretierte deutsche Küche serviert. Tolles Ambiente, guter Service, und im Sommer gibt es eine schöne Sonnenterrasse. ■ Alte Saline 2, Tel. 08651/717 49 07, www.salin-reichenhall.de, Mo–Fr ab 9, Sa, So ab 10 Uhr

Einkaufen

Ledermoden Gaukler Christl Auer ist weit über die Region hinaus bekannt für ihre maßgeschneiderten Lederhosen. In dem Traditionsgeschäft gibt es daneben auch konfektionierte Trachten- und Ledermode für Damen und Herren. ■ Liebigstr.1, Tel. 08651/26 31, www.leder-gaukler.de

36 Ramsau

Ein traditionsreiches Dorf, umgeben von mächtigen Bergen

Information

■ Tourist-Information Ramsau, Im Tal 2, 83486 Ramsau, Tel. 08657/98 89 20, www.ramsau.de

Die Pfarrkirche St. Sebastian in Ramsau ist eines der beliebtesten Fotomotive Bayerns. Kein Wunder, denn die idyllische Lage an der munter fließenden Ramsauer Ache mit der mächtigen Reiteralpe im Hintergrund macht diese Perspektive unwiderstehlich. Ramsau ist der Ort mit der höchsten Bergführerdichte in Bayern und wurde 2015 mit dem Titel »Erstes Bergsteigerdorf Bayerns« ausgezeichnet. Abwechslungsreich ist ein Bummel durch die Dorfstraße mit allerlei Läden. Doch die eigentliche Attraktion ist die imposante Natur ringsum: der Watzmann, der Hochkalter und das Lattengebirge am Talende.

Sehenswert

Wallfahrtskirche Maria Kunterweg

| Kirche |

Knapp 100 m über dem Ort thront die 1733 fertiggestellte Kirche mit zwei schindelgedeckten Türmen. Sie gilt als Schmuckstück des bayerischen Rokoko. Anlass für den Bau war die Vertreibung 1100 protestantischer Bewohner aus der Region. Der Künstler Innozenz Anton Warathy hat das unrühmliche Ereignis im Deckenfresko verewigt. Kunstgeschichtlich interessant sind auch der dreistufige Hochaltar des Berchtesgadener Hoftischlers Christoph Datz sowie die beiden Seitenaltäre mit Bildern des bekannten süddeutschen Freskomalers Johann Zick.

Zauberwald

| Geotop |

Der Zauberwald in Ramsau ist ein Stück ursprüngliche Natur. In dem wildromantischen Wald liegen riesige Felsbrocken, die durch einen gigantischen Felssturz vor 3500 Jahren hierher verfrachtet wurden. Ein auch für Kinder interessanter Naturlehrpfad mit Steigen, Treppen und Brücken führt bis zum Hintersee. Dort kann man Tret- und Ruderboote leihen und sich im eiskalten Wasser des 789 m hoch gelegenen Bergsees erfrischen. Bis zum Hintersee sind 10 km und 150 Höhenmeter zu überwinden.

■ Ausgangspunkt: kostenpflichtiger Parkplatz Seeklause, Hinterseer Str. 46

Restaurants

€€ | **Gasthof Auzinger** Der Schweinebraten kommt aus dem 150 Jahre alten Holzofen. Und in der gemütlichen Stube wird nach dem Essen regelmäßig zusammen musiziert. Ein traditionsreicher und denkmalgeschützter Gasthof, der auch Gästezimmer im bäuerlichen Stil anbietet. ■ Gasthof Auzinger, Hirschbichlstr. 8, Tel. 08657/230, www.auzinger.de, nur mittags, Do geschl.

€€ | **Wirtshaus Wachterl** Bodenständiges Wirtshaus mit gutbürgerlicher, bayerischer Schmankerlküche. Die Stube mit Kachelofen ist so gemütlich, dass man gerne länger bleibt. Im Sommer lockt die Terrasse mit Bergblick. ■ Alpenstr. 159, Tel. 08657/285, www.wirtshaus-wachterl.de, Mo, Di geschl.

Sport

Bergschule Watzmann Erfahrene Bergführer begleiten die Gäste sicher auf den Watzmann und andere Gipfel der Region. ■ Am Forstamt 3, Tel. 08657/711, www.bergschule-watzmann.de

In der Umgebung

Wimbachklamm

| Naturerlebnis |

Vor rund 10 000 Jahren entstand diese Klamm, deren spektakulärster Teil nur 200 m lang ist. Aber die Tour auf Holzstegen und über Brücken bietet komprimierte Faszination: Wasserfälle von allen Seiten, und ganz unten fließt der wild tosende Wimbach. Eine eindrucksvolle Demonstration der Macht des Wassers. Wer noch bei Kräften ist und etwas weiter gehen möchte, kann sich die 8 km entfernte Berggaststätte Wimbachschloss zum Ziel setzen. Auf dieser langen Variante sollte man unbedingt Wanderstiefel oder festes Schuhwerk tragen.

■ Parkplatz und Ausgangspunkt: Rotheben 2 (1 km vom Ortszentrum), Mitte April–Anfang Nov. 7–19 Uhr, Eintritt 2,50 €, Kinder bis 6 Jahre frei

Wildromantisches Tal zu Füßen des Watzmanns: die Wimbachklamm bei Ramsau

37 Berchtesgaden

Mittelalterliches Kleinod im äußersten Südosten Oberbayerns

Information

■ Tourist Info, Maximilianstr. 9, 83471 Berchtesgaden, Tel. 08652/ 944 53 00, www.berchtesgaden.de

Markante Gipfel ringsum und mittelalterliche Häuser mit Stuck und Lüftlmalerei: Der Ort ist von geradezu malerischer Schönheit. Und er kann auf eine wechselvolle Geschichte zurückblicken. Zu Beginn des 12. Jh. gründet die Grafenfamilie Sulzbach hier ein Augustinerchorherrnstift. Von Kaiser Friedrich Barbarossa bekam das Stift die Schürffreiheit auf Salz, was zum raschen wirtschaftlichen Aufstieg führte. Die Pröbste wurden immer mächtiger und 1559 sogar zu Reichsfürsten ernannt. 1594–1723 unterstand das kleine Fürstentum dem Hause Wittelsbach. Nach der Säkularisation kam Berchtesgaden zu Salzburg, dann zu Österreich, schließlich ging es wieder an Bayern. Bereits Mitte des 19. Jh. wurde der Hauptort des Berchtesgadener Landes zum beliebten Fremdenverkehrsziel. Neben zahlreichen Zeugnissen der Geschichte, bietet die 7900-Einwohner-Stadt vielfältige Einkaufsmöglichkeiten. Vom Wesen her ist Berchtesgaden ein gemütliches Dorf geblieben, was besonders in der Altstadt zu spüren ist. Es ist immer Zeit, um miteinander »a bisserl zu ratschen«. Eine Stadt zum Wohlfühlen. Und zum länger Bleiben.

ADAC Spartipp

Wer das Salzbergwerk Berchtesgaden und auch die Alte Saline im 19 km entfernten Bad Reichenhall besichtigen möchte, spart mit einem **Kombiticket** Geld. Preisvorteil: Erwachsene 8,50 €, Kinder 3,90 €

Sehenswert

Schloss Berchtesgaden

| Schloss |

30 von insgesamt 214 Räumen des ehemaligen Klosters können im Rahmen einer Führung besichtigt werden. Unter den 3000 Exponaten finden sich Kunstschätze wie zwei Altarbilder von Tilman Riemenschneider. Die Räume sind mit Originalmobiliar von der Gotik bis zum Biedermeier eingerichtet. Und es gibt drei Waffenkammern, die vollgepackt sind mit barocken Jagdgewehren und mittelalterlichen Kriegswaffen. Eine Oase der Stille ist der Kreuzgang von 1180 der Stiftskirche St. Peter und Johannes der Täufer.

■ Schlossplatz 2, www.schloss-berchtesgaden.de, Besichtigung nur mit Führung, Mitte Mai–Mitte Okt. So–Fr 10–13 und 14–17, sonst Mo–Fr 11 und 14 Uhr, 15 €, Kinder 5 €, Familienkarte 35 €

Salzbergwerk Berchtesgaden

| Schaubergwerk |

7 *Ein abenteuerlicher Ausflug ins Innere der Erde*

Ein unvergessliches Erlebnis für die ganze Familie: Ein Teil des Salzbergwerks Berchtesgaden ist seit 1880 für Besucher zugänglich. Mit der Schmalspurbahn geht es hinab ins Stollenlabyrinth. Es gibt eine Salzkathedrale, lange Holzrutschen und einen unterirdischen Salzsee, den man mit dem Floß überqueren kann. Auf der einständigen Tour erfährt man zudem viel Interessantes über die Salzgewinnung. Aufgrund der ganzjährigen Temperatur von nur 12 Grad werden warme Kleidung und festes Schuhwerk empfohlen. Alle Besucher bekommen einen Schutz-Overall.

■ Salzburger Str. 24, www.salzbergwerk.de, April–Okt. tgl. 9–16.30, sonst 11–15 Uhr, 21 €, Kinder 10,90 €

Wallfahrtskirche Maria Gern

| Kirche |

21 *Eine Kirche in spektakulärer Lage mit vielen Kunstschätzen*

In traumhafter Lage am Eingang zu einem Hochtal nördlich des Ortskerns von Berchtesgaden steht die 1724 geweihte Wallfahrtskirche Maria Gern. Man mag erst einmal gar nicht hineingehen, so einzigartig schön ist der Blick von außen auf den Untersberg im Norden und das Watzmannmassiv im Süden. Doch der Besuch der Kirche lohnt sich allein schon wegen des Gnadenbilds im Hochaltar, das 1669 für die Vorgängerkapelle geschnitzt wurde. Entsprechend der Abfolge des Kirchenjahrs wird es wechselweise mit 24 barocken Gewändern bekleidet. Bemerkenswert sind auch die zahlreichen Votivbilder aus über drei Jahrhunderten, die an den Wänden des Altarraums angebracht sind, sowie 20 Deckenfresken, die in einem Zyklus das Marienleben darstellen.

■ Kirchplatz Gern 1

P Parken

Tiefgarage Maximilianstraße Bietet 422 Plätze direkt im Stadtzentrum. Vorsichtig rangieren, stellenweise etwas eng, Maximalhöhe 2 m, 1 Std. 1,10 €, ganzer Tag 6,50 €

Im Blickpunkt

Nationalpark Berchtesgaden

Der 1978 geschaffene Nationalpark Berchtesgaden ist ein Stück Natur, das sich vollkommen selbst überlassen bleibt. So konnte sich eine einzigartige Tier- und Pflanzenwelt ihren Platz zurückerobern. Es gibt dort wieder Murmeltiere, Steinböcke, Schneehasen, Bartgeier, Steinadler und weitere 150 Säugetier- und Vogelarten. Auf der Schutzfläche von insgesamt 21 Hektar wachsen auch seltene Pflanzen wie Enzian und Edelweiß, dazu 500 Moos- und 1700 Pilz-Arten. Der Nationalpark Berchtesgaden ist der einzige Alpen-Nationalpark Deutschlands. Auf Wanderwegen mit einer Gesamtlänge von 230 km kann man auf eigene Faust oder im Rahmen geführter Touren dieser Naturoase nahekommen.

www.nationalpark-berchtesgaden.com

Restaurants

€–€€ | Bräustüberl im Hofbrauhaus In den Braustuben werden traditionelle bayerische Gerichte serviert. Und dazu gibt es natürlich auch das beliebte Bier aus der über 370 Jahre alten Brauerei zur Verkostung. ■ Bräuhausstr. 13, Tel. 08652/97 67 24, www.braeustueberl-berchtesgaden.de, tgl. ab 10 Uhr

€–€€ | Gasthof Neuhaus Erbaut wurde das Wirtshaus 1576 als Hoftaverne des Stifts. In der gemütlichen Gaststube mit Kachelofen werden Brotzeiten und regionale Schmankerl serviert. Bei Einheimischen sehr beliebt ist im Sommer der Biergarten, dem mächtige Kastanienbäume Schatten geben. ■ Marktplatz 1, Tel. 08652/979 92 80, www.berchtesgaden.de/gasthof-neuhaus, tgl. ab 10 Uhr

Einkaufen

Enzianbrennerei Grassl An die älteste Enzianbrennerei Deutschlands, die besichtigt werden kann, ist ein Laden angeschlossen. Dort gibt es den hochgerühmten Enzian, weitere Schnäpse, Edelbrände und Liköre zu kaufen. ■ Salzburger Str. 105, Tel. 08652/953 60, www.grassl.com, Mo–Sa ab 9 Uhr

Kinder

Watzmann Therme Nicht nur an Schlechtwettertagen ein sehr lohnendes Ziel. Badespaß auf einer Wasserfläche von 900 m². Absolute Attraktion: die 80-Meter-Black-Hole-Rutsche mit Lichteffekten und Zeitmessung. Großer kostenfreier Parkplatz. ■ Bergwerkstr. 54, Tel. 08652/946 40, www.watzmann-therme.de, tgl. 10–22 Uhr, 16,20 € (4 Std.), Kinder 4,80–9,30 €

In der Umgebung

Almbachklamm
| Naturerlebnis |
Auf einer Länge von 3 km führt ein gut gesicherter Steig über Brücken, Treppen und durch Tunnels entlang dieser wildromantischen Schlucht. Unter den Füßen stürzt der kristallklare Wildbach über Wasserfälle und Kaskaden und sammelt sich an vielen Stellen in Gumpen. Am Eingang der Almbachklamm kann Deutschlands älteste und einzige Marmorkugelmühle besichtigt werden. ■ Kugelmühlweg 18, Marktschellenberg, Mai–Anfang Nov. tgl. 8–19 Uhr, 6 €, Kinder 4 €

38 Königssee

Smaragdgrüner Bergsee, eingebettet zwischen steil aufragenden Felswänden

Information

■ Tourist-Information, Seestr. 3, 83471 Schönau a. Königssee, Tel. 08652/65 59 80, www.koenigsee.com

Er ist so schön, dass man ihn als »König« der bayerischen Seen bezeichnen kann. Und auch reale Könige verliebten sich in den smaragdgrün leuchtenden Bergsee. Allen voran König Max I. Joseph von Bayern, der hier regelmäßig seine Sommerfrische verbrachte. Der Ehrentitel »König« stammt jedoch vermutlich vom männlichen Vornamen Kuno. Der 8 km lange, maximal 1 km breite und bis zu 192 m tiefe See ist so sauber, dass sein Wasser Trinkwasserqualität hat. Die intensive Farbe des Königssees entsteht durch im Wasser gelöste Kalkteilchen, die das einfallende Sonnenlicht brechen. Geprägt wird der See von den steilen Felswänden ringsum. Besonders markant ist die berühmt-berüchtigte, 1800 m hohe Ostwand des Watzmanns, die St. Bartholomä überragt. Bedingt durch das steile Ufer gibt es keine Fahrstraße und keinen Fußweg um den See. St. Bartholomä im Westen ist nur über das Wasser zu erreichen. Der zweite an den See grenzende Ort ist der Ortsteil Königssee der Gemeinde Schönau.

Sehenswert

Schifffahrt auf dem Königssee

8 *Vor grandioser Kulisse das berühmte Echo erleben*

Es gibt wohl kein Erlebnis, das die Kernqualitäten Oberbayerns so intensiv vereint wie die 35-minütige Fahrt mit dem Schiff von der Seelände im Ortsteil Königssee nach St. Bartholomä auf der Halbinsel Hirschau: der smaragdgrüne See, imposante Felswände ringsum und im Idealfall ein weißblauer Himmel, der diese Traumkulisse überspannt. Als wäre das noch nicht genug an überwältigenden Eindrücken, stoppt der Kapitän das Schiff auf der Hälfte der Strecke und trompetet eine volkstümliche Melodie Richtung

Gefällt Ihnen das?

Ebenso vergnüglich wie eine Schifffahrt auf dem Königssee ist es, den **Schliersee** (S. 71) aus der Wasserperspektive zu erleben. Und neue Blickwinkel auf die Bilderbuchlandschaft rund um den See ergeben sich bei einer Schifffahrt über den **Tegernsee** (S. 65).

Kunstwerk der Natur: die Eiskapelle am Fuß der berüchtigten Watzmann-Ostwand

Echowand. Zart gebrochen schallt sie zurück. Eine sanfte Variante, denn früher wurden zur Demonstration des berühmten Echos Böller abgeschossen. Übrigens, so abgelegen der Königssee auch sein mag: Bereits seit dem Jahr 1909 besitzen die großen Fahrgastschiffe, die über den See fahren, einen Elektroantrieb.

■ www.seenschifffahrt.de, ganzjährig, 20 €, Kinder 10 €

Wallfahrtskirche St. Bartholomä

| Kirche |

Das der Heiligen Dreifaltigkeit und der Jungfrau Maria geweihte Kirchlein unter der imposant aufragenden Watzmann-Ostwand ist mit seinen unterschiedlichen Zwiebeltürmen und den kupferroten Dächern eines der beliebtesten Fotomotive der Region. Der Grundriss des kleinen Gotteshauses ähnelt der Form des Salzburger Doms. Einige Bauelemente stammen noch aus dem 12. Jh., doch seit dem 17. Jh. ist die Kapelle im Barockstil gestaltet.

Eiskapelle

| Geotop |

Eine einfache, aber faszinierende Wanderung führt im Winter und Frühling von St. Bartholomä durch urtümliche Bergwälder auf 834 m zur berühmten Eiskapelle. Es handelt sich dabei um einen bis 30 m hohen und 15 m breiten Hohlraum im tiefstgelegenen permanenten Eisfeld der deutschen Alpen. Gespeist wird das gletscherartige Firnfeld aus Schneemassen der Lawinenabgänge von der Watzmann-Ostwand.

■ Gehzeit: einfach ca. 90 Min., Länge: 6 km, 230 Höhenmeter im Anstieg, der Weg ist gut markiert

Rinnkendlsteig

| Panoramaweg |

Für geübte, schwindelfreie, trittfeste und gut gerüstete Bergsportler ist dieser Steig (KS1) einer der schönsten Bayerns. Von St. Bartholomä führt er an den Ostabstürzen des Kleinen Watzmanns entlang zur Hochfläche der Kührointalm, immer mit einem sensa-

Obersalzberg: Auseinandersetzung mit der NS-Zeit am historischen Ort

tionellen Blick auf den Königssee. Die schwierigen Passagen sind mit Leitern und Stahlseilen gesichert. Es empfiehlt sich das Tragen einer Klettersteigausrüstung inklusive eines Schutzhelms wegen eventueller Steinschlaggefahr. ■ Mit dem Schiff nach St. Bartholomä, Aufstieg bis zur bewirtschafteten Kührointhütte, Abstieg bis Schönau am Königssee: 3 Std.

Verkehrsmittel

Jennerbahn Eine 10er-Kabinenbahn bringt die Gäste von Schönau hinauf zur Bergstation des 1874 m hohen Jenners. Ein 20-minütiger Spazierweg führt zum Gipfel, der ein fantastisches Panorama bietet. Im Winter ist das Gebiet ein kleines, aber anspruchsvolles Skigebiet. ■ Jennerbahnstr. 18, Schönau am Königssee, Tel. 08652/958 10, www.jennerbahn.de , Berg- und Talfahrt 34 €, Jugendliche 26,50 €, Kinder 16 €

Parken

Es gibt einen großen, einfach zu findenden **Parkplatz** nur 200 m vom Königssee entfernt (Seestr. 3, Schönau am Königssee, 1 Std. 4 €, Tagesticket 12 €)

Restaurants

€€ | **Fischerei St. Bartholomä** Erstklassige Qualität bietet das Fischerstüberl von Thomas Amort. Er ist der einzige Berufsfischer am Königssee. In gemütlicher Atmosphäre werden die Fische den Gästen direkt aus dem Räucherofen und noch warm auf einem Holzbrett serviert. ■ St. Bartholomä 3 (nur mit dem Schiff zu erreichen), Tel. 08652/3119, www.fischervomkoenigssee.de, Ende April–Ende Okt.

Cafés

Café Eckerbrunn An die Konditorei angeschlossen ist ein Kaffeehaus, das mit Retro-Charme punktet. Und die hausgemachten Kuchen und Torten sind allesamt ohne Zusatz von Konservierungsstoffen. ■ Sulzberg-Mittergaß 1, Schönau am Königssee, Tel. 08652/638 61, www.eckerbrunn.de, Mitte Juni–Ende Sept. Mi–So ab 11 Uhr, sonst Fr–So

Events

Almauf- und abtrieb Auf dem Landweg sind die Sallet- und Fischunkelalm nur mühsam zu erreichen. Einfacher geht es über den Königssee. So werden die Kühe zu Beginn und Ende des Almsommers auf Transportschiffen, sog. Landauern, zu den Almwegen transportiert. Besucher können dabei sein, wenn die Kühe an der Anlegestelle Königssee Seelände abfahren bzw. ankommen. ■ www.berchtesgaden.de, Auftrieb Ende Mai, Abtrieb Anfang Okt., Termine sind wetterabhängig und werden kurzfristig bekannt gegeben

39 Obersalzberg

Ein idyllischer Gipfel, überschattet von der Geschichte

Information

■ Berchtesgadener Land Tourismus, Maximilianstr. 9, 83471 Berchtesgaden, Tel. 08652/65 65 00, www.berchtesgaden.de

Bereits in der zweiten Hälfte des 19. Jh. wurde das Bergbauerndorf auf dem Obersalzberg vom Fremdenverkehr entdeckt. 1877 eröffnete Mauritia Mayer eine nach ihrem Spitznamen

»Moritz« benannte Pension. Diese lockte viele Prominente hinauf auf den mit Wiesen und Wäldern bedeckten 1020 m hohen Bergrücken am Ostrand von Berchtesgaden. Und bekannte Persönlichkeiten wie der Ingenieur und Erfinder Carl von Linde legten sich hier einen Zweitwohnsitz zu. Ab 1923 mietete auch Adolf Hitler verschiedene Häuser als Feriendomizil an. Nach der Machtergreifung 1933 kaufte er das »Haus Wachtenberg« und ließ es zum »Berghof« ausbauen, einer repräsentativen Residenz. Dies war der Beginn der Umwandlung des Dorfes in ein »Führersperrgebiet Obersalzberg«. Den Einheimischen, zumeist seit Generationen hier beheimatet, wurden ihre Anwesen abgepresst, und sie wurden vertrieben. Neben Hitler bezogen Hermann Göring, Albert Speer und Martin Bormann Häuser am Obersalzberg. 1945, kurz vor Kriegsende, warf die britische Luftwaffe über der Anlage fast 1300 Bomben ab. Alle Gebäude wurden zerstört oder schwer beschädigt. Die US Army besetzte das Gelände, bis 1947 gab es ein Zugangsverbot. Einige Gebäude wurden von den Amerikanern als Erholungszentrum wieder instand gesetzt. Den Berghof ließ der Freistaat Bayern 1952 sprengen. Nach dem Abzug der amerikanischen Streitkräfte 1996 wurde drei Jahre später ein Dokumentationszentrum eröffnet. Und 650 m davon entfernt empfängt seit 2005 das Kempinski Hotel Gäste aus aller Welt.

Sehenswert

Dokumentation Obersalzberg

| Dokumentationszentrum |

Der Erinnerungs- und Lernort an dieser historischen Stelle soll dazu anregen, sich mit der Geschichte des Obersalzbergs und des Nationalsozialismus auseinanderzusetzen. Neben einer Dauerausstellung gibt es Wechselausstellungen, Vorträge und ein breites Bildungsangebot.

■ Salzbergstr. 41, www.obersalzberg.de, wg. Umbau bis vorauss. Herbst 2022 geschl.

Adlergehege

| Tiere |

In dem privat geführten Adlergehege am Obersalzberg werden Greifvögel für Filme trainiert und kranke Vögel gepflegt, um sie anschließend wieder in die freie Natur zu entlassen. Zu sehen sind Adler, Uhus, aber auch freilaufende Murmeltiere und Reptilien.

■ Hintereck 9, www.adlergehege-berchtesgaden.de, Sommer 10–16 Uhr, sonst nachfragen, Eintritt frei, Futterspende erwünscht

Verkehrsmittel

Auf den Obersalzberg führt eine **Kabinenbahn**, die ein spektakuläres Panorama bietet. ■ Bergwerkstr. 10, Berchtesgaden, www.obersalzbergbahn.de, Berg- und Talfahrt 15 €, Kinder 8 €

Kinder

Sommerrodelbahn Die Bahn ist zwar nur 600 m lang, aber bestens gesichert und somit auch für Kinder ab 8 Jahren geeignet. Kleinere dürfen bei Mama oder Papa mit auf dem Schoß rutschen. Weiteres Plus: Die Sommerrodelbahn hat einen vollautomatischen Aufzug. ■ Beim Alpengasthof Hochlenzer, Scharitzkehlstr. 6, Tel. 08652/2105, www.hochlenzer.de, April–Nov. 1 Fahrt 3 €, Kinder 2,50 €

Die Roßfeldpanoramastraße beschert Autofahrern eine unvergessliche Erlebnisfahrt

In der Umgebung

Kehlsteinhaus

| Historischer Ort |

Vom 1885 m hohen Kehlstein aus bietet sich einer der eindrucksvollsten Rundblicke der Region. 50 m tiefer liegt das Kehlsteinhaus. Es wurde im Jahr 1938 als Repräsentationsgebäude der NSDAP fertiggestellt. Seit 1952 ist es öffentlich zugänglich, eine Ausstellung informiert über die Geschichte des Gebäudes, die übrigen Räume werden als Bergrestaurant genutzt. Die Auffahrt über die Kehlsteinstraße, die auf 6 km 700 Höhenmeter überwindet, ist nur mit Spezialbussen vom Parkplatz Obersalzberg aus möglich.

■ www.kehlsteinhaus.de, Mai–Okt. (wetterabhängig), Anfahrt: Bus 849, Abfahrt Parkplatz Obersalzberg, Salzbergstr. 45, Berchtesgaden, tgl. 8.20–17 Uhr, Hin- und Rückfahrt 22 €, Kinder 13 €

Roßfeldpanoramastraße

| Panoramastraße |

22 *Eine Straße mit immer neuen Traumperspektiven*

Deutschlands höchstgelegene, mautpflichtige Panoramastraße führt auf 16 km bis auf eine Höhe von 1570 m. Die Bundesprivatstraße, die auch Roßfeldhöhenringstraße genannt wird, wurde 1955 fertiggestellt. Sie bietet besonders auf dem Scheitelpunkt, der über ein Hochplateau und teilweise österreichisches Gebiet verläuft, einen atemberaubenden Ausblick in das Berchtesgadener und Salzburger Land. Um diesen gebührend bewundern zu können, sollte man einen der auf dem Scheitelpunkt vorhandenen Parkplätze ansteuern.

■ Ausgangspunkt: Purtschellerstr. 1, Berchtesgaden, www.rossfeldpanoramastrasse.de, ganzjährig geöffnet, 8,50 €, Motorrad 5 €

Übernachten

Im Berchtesgadener Land ist deutlich spürbar, dass die Region eine lange touristische Tradition hat. So ist das Angebot an Unterkünften weit überdurchschnittlich. Neben großen und traditionsreichen Hotels gibt es viele gepflegte Pensionen und kleine Familienhotels. Diese zeichnen sich durch günstige Preise und hervorragenden Service aus. In den letzten Jahren entstanden einige luxuriöse Hotels mit umfangreichem Wellness-Angebot.

Bad Reichenhall 102

€–€€ | **Brauereigasthof Bürgerbräu** Zentraler geht's nicht: Direkt gegenüber des Rathausplatzes sorgt der Traditionsbetrieb seit über 500 Jahren für gepflegte Gastlichkeit. Die Gäste müssen nicht lange überlegen, wo sie essen gehen sollen: In den wunderbaren historischen Stuben finden sie echte bayerische Wirtshauskultur mit deftigen Schmankerln. ■ Waaggasse 1–2, 83435 Bad Reichenhall, Tel. 08651/60 89, www.brauereigasthof-buergerbraeu.de

€€ | **Grandhotel Axelmannstein** »Axel« nennen die Einheimischen das traditionsreiche Grandhotel. Erich Kästner stieg gerne in dem 1911 eröffneten Jugendstilbau mit 148 Zimmern und Suiten ab und auch viele andere Künstler, Adelige und Industrielle. Das Grandhotel-Flair ist unbezahlbar, die Preise sind überraschend moderat. ■ Salzburger Str. 2, 83435 Bad Reichenhall, Tel. 08651/77 70, www.wyndham grandbadreichenhall.com

€€ | **Hotel Neu-Meran** In diesem Traditionshotel kommt man herrlich zur Ruhe. Es liegt etwas außerhalb der Stadt und leicht erhöht inmitten von grünen Wiesen. Zum Hotel gehört ein Wellness-Bereich mit kleinem Pool sowie ein Restaurant, das regionale und saisonale Spezialitäten auf hohem Niveau serviert. ■ Nonn 94, 83435 Bad Reichenhall, Tel. 08651/40 78, www.hotel-neu-meran.de

Ramsau 104

€€– €€€ | **Chalets Ettlerlehen** Auf dem idyllisch auf 1084 m Höhe gelegenen Erlebnishof gibt es neben einer Ferienpension auch drei urige und gleichzeitig hochkomfortable Chalets. Auf jeweils 110 m² finden in drei Schlafzimmern bis zu sechs Gäste Platz. Ausgestattet sind die Edelhütten mit Kachelofen, Badewanne, Infrarotsauna, WLAN und Terrasse. Im Sommer kann man im hauseigenen Badesee schwimmen. ■ Am Gseng 11, 83486 Ramsau, Tel. 08657/272, www.etterlehen.de

€€–€€€ | **Rehlegg** Im Laufe von 100 Jahren verwandelte sich der Bergbauernhof, inmitten von ursprünglicher Berglandschaft gelegen, in ein Vier-Sterne-Superior-Hotel. Es gibt einen Außenpool, Hallenbad und Spa sowie eine große Saunalandschaft. Natur und Nachhaltigkeit stehen bei der Einrichtung im Mittelpunkt. ■ Holzengasse 16, 83486 Ramsau, Tel. 08657/988 40, www.rehlegg.de

Berchtesgaden 106

€ | Ferienhaus Lehen Es sei gewarnt: Sie werden hier nie mehr weg wollen! Das Häuschen inmitten purer Natur, mit Kachelofen und perfekter Ausstattung, kann man komplett für sich mieten. Und das zu einem überraschend günstigen Preis. Bis zu vier Personen finden darin Platz. Mindestaufenthalt: 4 Tage. ■ Obergerner Weg 15, 83471 Berchtesgaden, Tel. 08652/97 95 30, www.ferienhaus-lehen.de

€ | Jugendherberge Berchtesgaden Sie besteht aus den beiden Häusern Jenner und Untersberg. Letzteres ist die erste Design-Jugendherberge in Deutschland. Modern gestylt, doch mit alpinem Charakter. ■ Struberberg 6, 83483 Bischofswiesen, Tel. 08652/943 70, www.jugendherberge.de

€ | Perlerlehen Das inmitten von Wiesen gelegene Anwesen mit einem Traumpanorama wurde im Jahr 1300 erbaut. Heute ist es ein Biohof mit eigenem Schwimmteich, Liegewiese, Sauna und Dampfbad. Den Charme einer Berghütte hat das Ferienhaus für 3 Personen. Mindestaufenthalt: 3 Tage. ■ Rennweg 19, 83471 Berchtesgaden, Tel. 08652/15 90, www.perlerlehen.de

Königssee 108

€ | Pension Waldklause Nur 2,5 km sind es zum Königssee. Die »Wohlfühlpension« fasziniert durch ihre traumhafte Lage im Grünen und mit einer Panoramasicht vom Feinsten. Die Zimmer sind urig eingerichtet, die Gastgeber herzlich. ■ Richard-Voss-Str. 36, 83471 Schönau am Königssee, Tel. 08652/616 25, www.pension-waldklause.de

Ein uriges Nachtquartier erwartet Gäste auf der Schärtenalm am Hochkalter

€€ | Pension Berganemone 3 km vom Königssee entfernt, ist diese Pension eine Oase der Ruhe. Die Gastgeber des Familienbetriebs sind sympathisch und hilfsbereit. Toller Blick auf die Berge. ■ Grünsteinstr. 35/37, 83471 Schönau am Königssee, Tel. 086 52/615 44, www.berganemone.de

Obersalzberg 111

€€€ | Hotel Kempinski Berchtesgaden Wo der Tourismus im Berchtesgadener Land begann, verwöhnt heute ein Fünf-Sterne-Hotel mit Luxus-Spa, zwei gerühmten Restaurants und Hubschrauberlandeplatz die internationalen Gäste. ■ Hintereck 1, 83471 Berchtesgaden, Tel. 08652/975 50, www.kempinski.com

Zugspitzland

Deutschlands höchster Berg ist umgeben von idyllischen Orten mit weltoffenen Bewohnern

Die Zugspitze, die sogar eine eigene Postleitzahl hat, dominiert mit ihrer mächtigen Präsenz die ihr zu Füßen liegende Region. Mit 2962 Metern schrammt sie nur knapp am Club der 3000er vorbei. Deutschlands höchster Berg heißt nicht etwa so, weil seine Form der Spitze eines Zuges gleichen würde. Der Name leitet sich wohl von den »Zugbahnen« der Lawinen ab, für die das Bergmassiv berüchtigt ist. Im Schatten des Zugspitzmassivs liegen bilderbuchschöne Ortschaften wie etwa Garmisch-Partenkirchen, Grainau, Krün und Mittenwald. Das Werdenfelser Land ist, bei allen stillen und beschaulichen Flecken, seit jeher auch vom Durchgangsverkehr geprägt. Schon für die Römer war die durch Partenkirchen führende Via Raetia ein wichtiger Handelsweg. Die Begegnung mit den Reisenden machte die Bewohner dieses Landstriches weltoffen. Man schaut hier gerne mal über den Tellerrand, sprich: die umgebenden Berge hinaus. Gleichzeitig werden die Traditionen aber mit großer Leidenschaft gepflegt. Die Idylle, in Kombination mit der Gelassenheit der Menschen, lockte ab Mitte des 19. Jh. Maler, Dichter und Musiker in die Region. Und auch internationale Gäste. So ist es bis heute geblieben. Die Besucher lieben den Charme dieser unaufgeregten Gegend. Sie schätzen im Sommer die vielfältigen Möglichkeiten für Aktivitäten wie Wanderungen, Berg- und Mountainbiketouren. Und im Winter locken Skigebiete, Langlaufloipen und Rodelwege durch verschneite Winterlandschaften. Gerade auch für Familien mit Kindern ist das Zugspitzland ein Ferienparadies.

In diesem Kapitel:

ADAC Top Tipps:

9 Partnachklamm
| Naturdenkmal |
Der bayerische Grand Canyon bietet ein eindrucksvolles Naturschauspiel. Deutschlands bekannteste Klamm führt durch Stollen, Galerien und über Stege, die wilden Wasserfälle und Stromschnellen immer im Blick. 118

10 Seilbahn Zugspitze

| Seilbahn |

Höhepunkt eines Besuchs in der Zugspitzregion ist die Fahrt mit der neuen Bahn auf den höchsten Berg Deutschlands. 121

ADAC Empfehlungen:

23 Gschwandtnerbauer

| Gaststätte |

Ein Bergbauernhof, wie er schöner nicht sein könnte, mit Blick aufs Wetterstein- und Karwendelgebirge. 120

24 Schloss Kranzbach

| Architektur |

Ein englisches Schloss inmitten eines urbayerischen Tals, das sich heute der Wellness verschrieben hat. 122

25 Ferchensee

| Bergsee |

Das kleine Juwel unter der mächtigen Wettersteinspitze lädt im Sommer zum erfrischenden Bade. 123

40 Garmisch-Partenkirchen

Wintersport- und Kurort voller Urtümlichkeit und bayerischem Charme

Information

■ Tourist Information, Richard-Strauss-Platz 2, 82467 Garmisch-Partenkirchen, Tel. 08821/18 07 00, www.gapa.de

Wie der Name verrät, besteht Garmisch-Partenkirchen aus zwei eigenständigen Ortschaften. Das ältere Partenkirchen entstand bereits zur Römerzeit, Garmisch wurde 802 erstmals genannt. Sogar der Dialekt verrät noch eine Trennung. So wird ein Trachten-Wadenstrumpf in Partenkirchen »Heaslan« genannt, in Garmisch »Pfousn«. Was die beiden Ortsteile vereint, sind freskenbemalte Gebirgshäuser mit Heiligenstatuen unter dem Giebel. Besonders schöne Bauten säumen die Ludwigstraße in Partenkirchen. In Garmisch empfiehlt sich ein Spaziergang durch die Frühlingsstraße und die angrenzenden Gassen.

ADAC Wussten Sie schon?

... dass der berühmte Komponist **Richard Strauss** 1908 in Garmisch eine vom Jugendstilarchitekten Emanuel von Seidl erbaute **Villa** bezog, erst zur Sommerfrische, dann als Dauerwohnsitz. Bis zu seinem Tod 1949 war das großzügige Domizil für ihn ein geliebter Rückzugsort. Hier komponierte er viele seiner Werke, auch seine berühmte Oper »Der Rosenkavalier«. Die Villa ist bis heute in Familienbesitz und nicht öffentlich zugänglich. Die Stadt Garmisch-Partenkirchen ehrt ihren berühmten Sohn alljährlich mit einem Festival (www.richard-strauss-festival.de).

Sehenswert

Alte Pfarrkirche St. Martin

| Kirche |

Der äußerlich schlichte romanisch-gotische Bau birgt in seinem Inneren Wandgemälde aus dem 14. und 15. Jh. von unschätzbarem Wert. Die Chorfenster sind mit gotischen Glasmalereien aus der Zeit um 1400 geschmückt. Beeindruckend ist auch der zweisäulige Hochaltar aus dem 17. Jh. Ein Ort zum Staunen und Verweilen.

■ Pfarrhausweg 2

Partnachklamm

| Naturdenkmal |

9 *Deutschlands bekannteste Klamm ist ein Naturspektakel*

700 m lang und bis zu 80 m tief ist diese einzigartige Klamm. Die Tour durch eines der schönsten Naturdenkmäler Bayerns führt durch Stollen, Galerien und über Stege. Ein unvergessliches Erlebnis, das auch im Winter möglich ist. Regenkleidung ist sogar an trockenen Tagen empfehlenswert.

■ Parkplatz Skistadion, Karl- u. Martin-Neuner-Platz, zu Fuß 25 Min. weiter ins Reintal, Juni–Sept. tgl. 8–20, Okt.–Mai tgl. 8–18 Uhr, 6 €, Kinder 3 €

Werdenfels Museum

| Heimatmuseum |

In einem Kaufmannshaus aus dem 17. Jh. kommen die Besucher der Kultur des Werdenfelser Landes nahe. Ein Raum ist den traditionellen Masken der »Fosanacht« gewidmet. Außerdem sind Sakralgegenstände, bäuerliche Volkskunst und Zeugnisse regionaler Wohnkultur zu sehen. Das Museum ist eines der bedeutendsten seiner Art in Oberbayern.

■ Ludwigstr. 47, www.werdenfels-museum.de, Di–So 10–17 Uhr, 4,50 €, Kinder 1 €

Restaurants

€€ | Gasthaus zur Schranne In dem gepflegten, denkmalgeschützten Traditionslokal mit urbayerischer Atmosphäre werden regionale Schmankerl serviert. ■ Griesstr. 4, Tel. 08821/909 80 30, www.zurschranne.de, Mo geschl.

Cafés

Krönner Ein Kaffeehaus, wie man es sich erträumt. 1934 eröffnet, versprüht es nostalgischen Charme. Die Kuchen und Torten der hauseigenen Konditorei sind legendär, allen voran die Agnes-Bernauer-Torte. ■ Achenfeldstr. 1, Tel. 08821/30 07, www.chocolatier-kroenner.de, tgl. 9.30–18.30 Uhr

ADAC Mobil

Die Region um Garmisch-Partenkirchen ist ein Fahrradparadies. Großen Spaß macht es, mit einem E-Bike die Leistungsgrenzen buchstäblich nach oben zu verlagern. Der **Bike Verleih Garmisch** bietet dazu die neueste Generation an E-Mountainbikes.

Zugspitzstr. 68, Tel. 08821/969 29 90, www.bikeverleih-garmisch.com, 3 Std. ab 29 €

Einkaufen

Grasegger Bekannt ist das Modehaus für das große Sortiment an Trachtenmode für Damen, Herren und Kinder. ■ Am Kurpark 8, Tel. 08821/94 30 00, www.grasegger.de

Der spektakuläre Weg durch die Partnachklamm ist rund ums Jahr geöffnet

Kneipen, Bars und Clubs

The Irish Club Den Barklassiker gibt es bereits seit 1994. Ein beliebter Treffpunkt für Bierliebhaber jeden Alters. Im Sommer sitzt man draußen auf rustikalen Holzbänken. ■ Rathausplatz 8, Fr 16–3, Sa 14–3, So 14–24, Mo–Do 16–1 Uhr

In der Umgebung

Wank

| Berg |

Eines der beliebtesten Ausflugsziele der Garmisch-Partenkirchner ist der 1780 m hohe Haus- und Aussichtsberg Wank. Man kann ihn auf einer einfachen, etwa dreistündigen Wanderung zu Fuß besteigen. Wer es bequem mag, nimmt die Wankbahn.

■ Wankbahnstr. 2, www.zugspitze.de, einfache Fahrt 16 €, Kinder 8,50 €

Restaurants

23 € | **Gschwandtnerbauer** Seit 1490 gibt es die Alm auf 1020 m, seit 1883 werden dort Gäste bewirtet. Urige Berggaststätte, wie sie schöner nicht sein könnte. ■ Gschwandt 1, Tel. 08821/21 39, www.gschwandtnerbauer.bayern, Fr geschl., Anfahrt: B2 Richtung Mittenwald, 2,5 km nach dem Ortsende von Garmisch links abbiegen (Beschilderung Schlattan), dann rechts hinauf zum Anwesen Höfle (Parkplatz), 30 Min. Fußweg über eine Forststraße

ADAC Mittendrin

Wer einmal auf der **Großen Skisprungschanze** steht, wird künftig noch mehr Respekt vor den Leistungen der Skispringer haben. Der Startbalken befindet sich in 62 m Höhe über dem Gelände. Die Schanze steht außerdem freischwebend in der Landschaft.

Tel. 08821/18 07 00, www.gapa.de, Führung 10 €, Kinder 8 € (Anmeldung erforderlich)

Im Blickpunkt

Ein Skigebiet mit besonderem Schmankerl

Durch den Zusammenschluss der Skiberge Hausberg, Kreuzeck und Alpspitze entstand ein Skigebiet mit 40 Pistenkilometern und 18 Liften. Die Pisten sind überwiegend leicht bis mittelschwer, mit Ausnahme der Kandahar-Abfahrt vom Kreuzjoch ins Tal. Sie ist eine der Stationen im Alpinen Skiweltcup der Herren und gilt nach der Streif in Kitzbühel als anspruchsvollste Strecke. Eine Stelle, die auch erfahrenen Skifahrern Mut abverlangt, ist der »Freie Fall« mit 92 Prozent Gefälle.

www.zugspitze.de, Tageskarte 50 €, Jugendliche 40 €, Kinder 26 €

41 Zugspitze

Deutschlands meistbesuchter Gipfel mit Traumpanorama

Information

■ Tourismusverband Zugspitz Region, Burgstr. 15, 82467 Garmisch-Partenkirchen, Tel. 08827/515 62, www.zugspitz-region.de

Wer unberührte Natur sucht, kommt hier nicht auf seine Kosten. Die 2962 m hohe Zugspitze ist nicht nur der höchste Gipfel Deutschlands, sie ist Wetterwarte, Touristenmagnet, beliebtes Bergsteigerziel und von November bis Mai Skigebiet und Snowboarder-Treff. Doch an klaren Tagen versöhnt der einzigartige 360-Grad-Blick für all den Rummel: 400 Gipfel in vier Ländern sind zu sehen. Ein magisch schönes Panorama.

Sehenswert

Bayerische Zugspitzbahn

| Zahnradbahn |

Ein Erlebnis ist die Fahrt mit der Zahnradbahn von Garmisch hinauf zum Zugspitzplatt. Die als »Historisches Wahrzeichen der Ingenieurbaukunst in Deutschland« ausgezeichnete Bahn überwindet auf 19,5 km einen Höhenunterschied von 1883 m. Das letzte Stück der Strecke führt durch einen fast 5 km langen Tunnel. Vom Zugspitzplatt geht es mit der Gletscherbahn weiter zum Gipfel.

■ Zugspitzbahnhof Garmisch, Olympiastr. 27, www.zugspitze.de, Berg- und Talfahrt (Sommer) 63 €, Kinder 32 €

Seilbahn Zugspitze

| Seilbahn |

10 *Die neue Seilbahn zur Zugspitze stellt zwei Weltrekorde auf*

Seit Dezember 2017 können die Besucher mit der neuen Seilbahn auf die Zugspitze schweben. Die beiden Kabinen sind bis zum Boden verglast. Und auch zwei Weltrekorde vermeldet die neue Bahn: mit 127 m die höchste Seilbahnstütze und mit 3213 m das längste ungestützte Spannfeld. Schlagzeilen machte ein Unfall im Herbst 2018, bei dem eine Kabine zerstört wurde und die Bahn für Monate außer Betrieb war.

■ Talstation: Am Eibsee 6, Grainau, Tel. 08821/79 70, www.zugspitze.de, tgl. 8.30–16.45 Uhr, Berg- und Talfahrt (Sommer) 63 €, Kinder 32 €

Restaurants

€–€€ | **Gletschergarten** Im Glaspavillon speist man mit einem sensationellen Blick auf die Gletscherwelt ringsum und Hunderte Alpengipfel. ■ Zugspitze, Tel. 08821/79 70, tgl. 9–16.15 Uhr

42 Krün

Die kleine Perle am Rande des Karwendelgebirges

Information

■ Rathausplatz 1, 82494 Krün, Tel. 08825/10 94, www. alpenwelt-karwendel.de

Das idyllische 1900-Einwohner-Örtchen im Oberen Isartal erlangte im Jahr 2015 während des G7-Gipfels durch ein Weißwurstfrühstück von Kanzlerin Angela Merkel mit US-Präsident Barack Obama und der Bevölkerung weltweite Bekanntheit. Krün ist eine ideale Ausgangsbasis für Wanderungen und Bergtouren.

Sehenswert

Haus der Steine

| Naturmuseum |

In dem privaten Museum sind Fossilien, Mineralien, imposante Findlinge und besonders schöne Natursteine ausgestellt, die in der Region gefunden wurden. Es gibt auch Vorführungen über das Schleifen und Polieren von Kieselsteinen und Stein-Wanderungen. Angeschlossen ist ein Verkaufsraum, in

Mit dem Schachenhaus ließ sich König Ludwig ein intimes Bergschloss bauen

dem Edelsteine und ungewöhnliche Deko-Stücke aus Stein gekauft werden können.

■ Finzbachstr. 1, www.geo-trip.de, Mo–Fr 14–18, Sa 9–12 Uhr, Eintritt frei

Buckelwiesen

| Natur |

Fast schon surreal wirken die Buckelwiesen bei Krün, Relikte der Würmeiszeit, der letzten Kaltzeit im Alpenraum. Sie wurden nie eingeebnet, werden nicht gedüngt, mit der Sense gemäht und durch Schaf- und Ziegenherden beweidet. Besonders schöne finden sich an der Kapelle Maria Rast. Eine naturkundliche Besonderheit, die es in dieser reinen und ausgeprägten Form nur hier am Rande der Kalkalpen gibt.

■ Hochstr. 18, 20 Min. zu Fuß vom Zentrum von Krün

Restaurants

€€ | **Krüner Stub'n** Die Einrichtung: Alpen-Chic, modern interpretiert. Das Essen: bayerische Spezialitäten und internationale Küche. Empfehlenswert ist auch die angeschlossene Pension.

■ Soiernstr. 4, Tel. 08825/921 96 70, www.kruener-stubn.de, Mi, Do geschl.

In der Umgebung

Schloss Kranzbach

| Architektur |

24 *Ein englisches Schloss inmitten eines urbayerischen Tals*

1915 ließ sich die britische Aristokratin Mary Isabel Portman im Elmauer Tal ein Country House im Stil eines englischen Schlosses errichten. Nach einer wechselvollen Geschichte ist es heute eines der führenden Wellness-Hotels Bayerns mit allen Annehmlichkeiten. Und die Lage kann man nur als sensationell beschreiben.

■ Kranzbach 1, Tel. 08823/92 80 00, www.daskranzbach.de

Schachenhaus

| Bergschloss |

Das intimste Schloss König Ludwigs II. liegt auf 1866 m Höhe auf dem Schachen und ist nur zu Fuß erreichbar. Im Obergeschoss des 1870 erbauten Königshauses sorgen im Türkischen Saal ein Springbrunnen, Straußenfeder-Fächer und der Sternenhimmel an der Decke für orientalische Pracht. Ausgangspunkt für die Wanderung zum Schloss ist der Wanderparkplatz Elmau am Schachenweg, der Aufstieg dauert knapp 3 Std., und man muss 900 Höhenmeter überwinden.

■ www.schloesser.bayern.de, Juni–Anfang Okt., 5 €, Kinder frei

43 Mittenwald

Ein authentischer und traditionsreicher Ort, inmitten mächtiger Berge

Information

■ Dammkarstr. 3, Tel. 08823/339 81, 82481 Mittenwald, www.alpenwelt-karwendel.de

Ein bisschen atmet Mittenwald bis heute die Atmosphäre der ehemaligen Bergsteigerstadt – ein malerischer Hort der Kultur und des Genusses, umgeben von den schroffen Gipfeln aus dunkelgrauem Wettersteinkalk des Karwendels. Mittenwald ist sich auf sympathische Art über die Jahrhunderte hinweg treu geblieben.

Sehenswert

Geigenbaumuseum

| Museum |

Geigenbau spielt in Mittenwald seit über 300 Jahren eine wichtige Rolle. Im Geigenbaumuseum, beheimatet in einem der ältesten Häuser Mittenwalds, sind über 200 Meisterstücke lokaler Geigenbauerfamilien zu sehen. Erlebnisreich machen den Besuch Hör- und Riechproben, historische Filme zum Geigenbau und eine Schauwerkstatt.

■ Ballenhausgasse 3, www.geigenbaumuseum-mittenwald.de, Mitte Mai–Mitte Okt. Di–So 10–17, sonst Di–So 11–16 Uhr, 5,50 €, Kinder 2 €

Naturinformationszentrum

| Dauerausstellung |

Direkt neben der Bergstation der Karwendelbahn auf 2244 m Höhe überrascht die Besucher ein Riesenfernrohr aus Holz. Darin untergebracht ist eine Ausstellung über das alpine Ökosystem und den Lebensraum Karwendel. Außen spektakulär, innen informativ.

■ Karwendelbahn: Alpenkorpsstr. 1, www.bergwelt-karwendel.de, April–Dez. tgl. 9–16.30, sonst tgl. 10–16 Uhr, Berg- und Talfahrt 34,50 €, Kinder 23,50 €, Eintritt ins Naturinformationszentrum frei

Restaurants

€€ | Alpengasthof Gröbl-Alm Wunderbar urig-alpine Atmosphäre, es gibt bayerische Hausmannskost und dazu hausgemachte Edelbrände. Die Alm ist auch ein schöner Ort zum Übernachten. ■ Gröblalm 2, Tel. 08823/91 10, www.groeblalm.de, tgl. ab 11.30 Uhr

Einkaufen

Schönegger Käse-Alm Für viele Urlauber ist der Besuch der Käse-Alm einfach Pflicht. Zahlreiche und ungewöhnliche Käsesorten, zum größten Teil hergestellt aus tagesfrischer Heumilch aus der Region. ■ Dekan-Karl-Platz 17, Tel. 08823/84 99, www.schoenegger.com , Ostern–Okt. tgl. ab 9.30, sonst Fr–So ab 11 Uhr

In der Umgebung

Ferchensee

| Bergsee |

25 *Kleines Juwel unter der mächtigen Wettersteinspitze*

Der wildromantische Ferchensee auf 1060 m ist noch nicht überentdeckt. Zu ihm führt von Mittenwald eine eineinhalbstündige Wanderung über den ebenfalls schönen Lautersee. Im Sommer kann man im Ferchensee auch baden. Und an seinem Ufer gibt es ein sehr empfehlenswertes Gasthaus.

■ Am Ferchensee 1

Übernachten

Das Zugspitzland ist eine Region mit einer langen touristischen Tradition. Trotzdem ist es nicht ganz einfach, Quartiere zu finden, die qualitativ zeitgemäße Ansprüche erfüllen und gleichzeitig bezahlbar sind. Einige Hotels und Pensionen sind etwas veraltet, und die rühmlichen Gegenbeispiele sind mitunter teuer. Wenn Sie vor Ort buchen: Sehen Sie sich die Zimmer immer an!

Garmisch-Partenkirchen 118

€€ | **quartier** Neues Bio-Hotel in sehenswerter, moderner Architektur mit komplett aus unbehandeltem Naturholz gestalteten Zimmern. Um Elektrosmog zu vermeiden, gibt es kein Internet und keine Fernseher auf den Zimmern! ■ St.-Martin-Str. 26, 82467 Garmisch-Partenkirchen, Tel. 08821/964 64 82, www.quartier-gapa.de

€€–€€€ | **Best Western Hotel Obermühle** Stilvolles Vier-Sterne-Haus mit einer Mischung aus alpinem Charme und modernem Style. Großer Wellnessbereich. ■ Mühlstr. 22, 82467 Garmisch-Partenkirchen, Tel. 08821/70 40, www.hotel-obermuehle.de

€€€ | **Das Graseck** Wer sich einmal etwas Besonderes leisten möchte, ist hier genau richtig. Das Boutique-Hotel liegt auf 900 m und ist nur zu Fuß oder mit der hauseigenen Gondelbahn zu erreichen. Luxus-Spa mit Außenschwimmbad und zwei vorzügliche Restaurants. ■ Graseck 4, 82467 Garmisch-Partenkirchen, Tel. 08821/94 32 40,www.das-graseck.de

Zugspitze 120

€ | **Münchner Haus** Früher war die 1897 eröffnete und legendäre DAV-Hütte mit drei Matratzenlagern nur Mitgliedern zugänglich. Heute steht sie jedermann offen. Sehr einfach, aber auch sehr urig. Geöffnet von Mai bis November. ■ 82475 Zugspitz, Tel. 08821/29 01, www.muenchnerhaus.wachterhaus.com

€€ | **Iglu-Dorf Zugspitze** Von Silvester bis Ostern (je nach Wetterlage) wird im Gletscherskigebiet ein Iglu-Dorf errichtet. Es besteht aus 20 Häusern, einer Bar, einem Restaurant, zwei Whirlpools und einer Sauna. Ein einzigartiges Erlebnis. ■ Im Skigebiet auf dem Zugspitzplatt, www.iglu-dorf.com

Krün 121

€ | **Schogglbauer** Ferien auf dem Bauernhof, und das zentral im Ortskern. Besonders auf Kinder wartet eine Attraktion: Esel Susi und der Gemeindestier. ■ Karwendelstr. 3, 82494 Krün, Tel. 08825/95 21 71, www.schogglbauer.de

Mittenwald 123

€€ | **Post-Hotel** Traditionshotel in zentraler Lage. Es gibt drei Restaurants, ein Schwimmbad und einen großen Garten mit Karwendelblick. ■ Obermarkt 9, 82481 Mittenwald, Tel. 08823/938 23 33, www.posthotel-mittenwald.de

ADAC Service Oberbayern

Beim **ADAC Infoservice**, in den **ADAC Geschäftsstellen** sowie auf dem **Internetportal des ADAC** (adac.de) erhalten Sie Informationen zu den Dienstleistungen des Automobilclubs und zu Ihrem Reiseziel. So können Sie sich von der **ADAC Trips App** (adac.de/services/apps/trips) via Smartphone oder Tablet-PC inspirieren lassen oder als **ADAC Mitglied** die kostenlosen **ADAC Toursets® Südliches Oberbayern** und **Chiemgau/Berchtesgadener Land** (adac.de/reise-freizeit/reiseplanung/tourset) mit vielen Reiseinfos und Karten anfordern. Bei Pannen und Notfällen steht Ihnen unser Team rund um die Uhr telefonisch und digital zur Verfügung.

ADAC Info-Service

T 0 800 510 11 12
Infos zu allen ADAC Leistungen
(Mo–Sa 8–20 Uhr, gebührenfrei)

ADAC Pannenhilfe Deutschland

T 089 20 20 40 00, Mobil 22 22 22
(Verbindungskosten je nach Netzbetreiber/Provider)

ADAC Ambulanzdienst

T 089 76 76 76
(Erkrankung, Unfall, Verletzung, Transportfragen, Todesfall)

ADAC Pannenhilfe Ausland

T +49 89 22 22 22
(Verbindungskosten je nach Netzbetreiber/Provider)

Online-Angebote des ADAC für Ihre Reiseplanung

Service	**Webadresse**
Reiseinspirationen, -planung und -hinweise	adac.de/reise-freizeit/reiseplanung
Aktuelle Verkehrslage	adac.de/verkehr
Individuelle Routenplanung	adac.de/maps
Infos zu Tankstellen und Spritpreisen	adac.de/tanken
Infos zu mautpflichtigen Strecken	adac.de/reise-freizeit/maut-vignette
Infos zu Fährverbindungen	adac.de/faehren
Aktuelle Infos vor Reiseantritt	adac.de/tourmail
Informationen für Camper	adac.de/camping
Informationen für Motorrad- und Oldtimerfahrer	adac.de/reise-freizeit/reisen-motorrad-oldtimer
Informationen für Segler und Skipper	skipper.adac.de
ADAC Reiseangebote	adacreisen.de
ADAC Autovermietung	adac.de/autovermietung
ADAC Versicherungen für den Urlaub	adac.de/versicherungen
Weltweite Preisvorteile für ADAC Mitglieder	adac.de/vorteile-international
Telemedizinische Beratung	adac.de/meinmedical

Diese **Produkte des ADAC** könnten Sie interessieren: **ADAC Reiseführer München, ADAC Reiseführer Allgäu, ADAC Reiseführer Bayerischer Wald** und **ADAC Reiseführer Tirol** – erhältlich im Buchhandel, bei den ADAC Geschäftsstellen und in unserem ADAC Online-Shop (adac.de/shop).

Anreise und Einreise

Auto

Nach München führen sternförmig sechs **Autobahnen**: A 8 Stuttgart bzw. Salzburg, A 9 Nürnberg/Berlin, A 92 Deggendorf, A 94 Passau, A 95 Garmisch und A 96 Lindau. Fahrzeit Hamburg–München rund 8 Std. 15 Min., Berlin–München rund 6 Std. 30 Min., Köln–München rund 6 Std. 30 Min., Wien–München rund 4 Std. 30 Min., Zürich–München rund 3 Std. 30 Min.

Bahn

Das Bahnnetz ist in Oberbayern sehr gut ausgebaut, auch kleinere Orte sind mit der Bahn zu erreichen. Bahn-Knotenpunkt ist der **Hauptbahnhof München**. Von dort aus gibt es täglich Direktverbindungen ins südliche und südöstliche Oberbayern, insbesondere nach Garmisch-Partenkirchen, Rosenheim und Traunstein sowie mit der **Bayerischen Oberlandbahn** (BOB) an den Tegernsee, nach Bayrischzell und nach Lenggries.

Besonders attraktiv ist die Anreise aus dem Raum Berlin nach München in knapp 4 Std. mit dem neuen **ICE Sprinter**.

■ Deutsche Bahn: Fahrplan-Auskunft: Tel. 0800/150 70 90 (gebührenfrei), www.db.de

■ Bayerische Oberlandbahn: Tel. 08024/99 71 71, www.meridian-bob-brb.de

Bus

Am **Zentralen Omnibusbahnhof** in München an der Hackerbrücke starten und halten viele Fernbusse. Zu den Orten in Oberbayern gibt es ein dichtes Netz an regionalen Buslinien.

■ Informationen findet man unter www.rvo-bus.de

Flugzeug

Für München, das Zugspitzland, den Tegernsee- und Schliersee, das Fünfseenland und den Pfaffenwinkel empfiehlt sich der Flug nach München. Der Chiemgau und das Berchtesgadener Land sind auch vom Flughafen Salzburg aus schnell zu erreichen. Um in das Zugspitzland zu gelangen, gibt es außerdem mit dem Flughafen in Innsbruck eine Alternative.

■ Flughafen München, Franz Josef Strauß: Tel. 089/975 825 00, www.munich-airport.de

■ Flughafen Salzburg: Tel. 0043/61 09 50 54 58 32, www.salzburg-airport.com

■ Flughafen Innsbruck: Tel. 0043/512 22 52 50, www.innsbruck-airport.com

Einreise und Dokumente

Für Österreicher und Schweizer reicht bei der Einreise in Deutschland die Vorlage eines gültigen Reisepasses oder eines Personalausweises (Identitätskarte).

Auto und Straßenverkehr

Verkehrsvorschriften

Bei winterlichen Straßenverhältnissen sind **Winterreifen** Pflicht, für manche Strecken sind zusätzlich Schneeketten erforderlich.

Die **Promillegrenze** von 0,5 bzw. 0,3 ist unbedingt einzuhalten. Besonders im Umfeld von Volksfesten finden intensive Polizeikontrollen statt.

Tanken

In abgelegenen Regionen Oberbayerns sind die Öffnungszeiten der Tankstellen oft eingeschränkt, manchmal sind Tankautomaten vorhanden. Achten Sie daher auf eine ausreichende Kraftstoffreserve!

Festivals und Events

Januar

Neujahrsspringen Das traditionelle Skispringen am 1. Januar in Garmisch-Partenkirchen ist die zweite Veranstaltung der Vierschanzentour (www.neujahrsspringen.de).

Mai/Juni

Fronleichnamsprozession Besonders eindrucksvoll ist die Prozession über den Staffelsee. Geschmückte Fischerboote und Kähne folgen dem schwimmenden Altar (www.seehausen-am-staffelsee.de).

Das Oktoberfest in München

Juni

Richard Strauss Festival Seit 1989 findet alljährlich im Frühsommer in Garmisch-Partenkirchen, der Wahlheimat des berühmten Komponisten, ein einwöchiges Festival statt (www.richard-strauss-festival.de).

Juli

Tollwood Sommerfestival Seit 1988 ist dieses große Festival in München, von dem es auch eine Winter-Version gibt, beliebt und erfolgreich. Zum Festival gehören der »Markt der Ideen«, bio-zertifizierte Festivalgastronomie und ein Kulturprogramm (www.tollwood.de).

August

Brass Wiesn Ein junges, aber bereits etabliertes Event ist dieses coole Blasmusik-Festival in Eching bei München (www.brasswiesn.de).

Rosenheimer Herbstfest Das Volksfest beginnt am letzten Samstag im August und ist mit über einer Million Besucher nach dem Oktoberfest das größte Volksfest in Oberbayern (www.herbstfest-rosenheim.de).

Alt-Schlierseer Kirchtag Ein traditionelles Kirchweihfest im Ort Schliersee mit Seeprozession und Festumzug (www.tegernsee-schliersee.de).

September

Oktoberfest Das größte und berühmteste Volksfest der Welt beginnt am Samstag nach dem 15. Sept. und dauert 16–18 Tage (www.oktoberfest.de).

November

Tölzer Leonardifahrt Am 6. November (außer dieser fällt auf einen Sonntag – dann einen Tag später) findet in Bad Tölz eine der berühmtesten Pferdewallfahrten Oberbayerns statt (http://toelzer-leonhardifahrt.bayern).

Dezember

Christkindl-Anschießen Vom 17. bis 24. Dezember findet in Berchtesgaden ein Weihnachtsschießen mit Böllern statt, das im gesamten Talkessel widerhallt. Ein Brauch, der bis ins 17. Jh. zurückreicht und heidnischen Ursprungs ist (www.berchtesgaden.de).

Maut

Einige Streckenabschnitte in Oberbayern sind mautpflichtig (Elmauer Hochtal, Hinterriss–Eng, Roßfeld-Panoramastraße, Wallgau–Vorderriss).

Staus

Besonders stauanfällig ist die gesamte A8 von München bis Salzburg und in der Gegenrichtung, das Autobahnende der A95 bei Eschenlohe in Richtung Garmisch-Partenkirchen, die A9 zwischen Eching und München in beiden Richtungen, die B318 zwischen Holzkirchen und Gmund und in München der Mittlere Ring. Planen Sie daher genug Zeit ein, wenn Sie mit dem Auto von der Innenstadt zum Flughafen fahren (bei Normalverkehr brauchen Sie ca. 35 Min.).

■ ADAC-Verkehrsmeldungen: adac.de

Barrierefreies Reisen

Barrierefreies Reisen ist in Oberbayern mit kleinen Einschränkungen gut möglich. Es gibt auch viele spezielle Angebote.

■ www.bayern.by/urlaub-fuer-alle

Diplomatische Vertretungen

Österreichisches Generalkonsulat

■ Ismaninger Str. 136, 81675 München, Tel. 089/99 81 50, www.oegkmuenchen.de

Schweizerisches Generalkonsulat

■ Prinzregentenstr. 20, 80538 München, Tel. 089/286 62 00, www.eda.admin.ch

Feiertage

Auch in der Anzahl der Feiertage ist (Ober-)Bayern Deutscher Meister:

1. Januar (Neujahr), 6. Januar (Heilige Drei Könige), März/April (Karfreitag, Ostersonntag, Ostermontag), 1. Mai (Tag der Arbeit), Mai/Juni (Christi Himmelfahrt, Fronleichnam, Pfingstsonntag, Pfingstmontag), 15. August (Mariä Himmelfahrt), 3. Oktober (Tag der Deutschen Einheit), 1. November (Allerheiligen), 25./26. Dezember (Weihnachten)

Filme

Einige Filme und Fernsehserien geben die oberbayerische Mentalität besonders gut wieder (alle auf DVD und Blu-ray erhältlich): »Kir Royal« (TV-Serie), »Monaco Franze« (TV-Serie), »Wer früher stirbt ist länger tot« (Kinofilm), »Hubert und Staller« (TV-Serie), »Beste Zeit« (Kinofilm), »Ludwig II.« (Kinofilm), Die Rosenheim-Cops (TV-Serie)

Geld und Währung

Die Versorgung mit Bargeld mittels **Geldautomaten** ist auch in kleinen Orten und abgelegenen Regionen gewährleistet. In vielen kleineren Orten ist die Bezahlung in Geschäften und Gasthäusern mit **Kreditkarten** nicht möglich. Denken Sie daran, genügend Bargeld mitzuführen.

Kosten im Urlaub

(durchschnittliches Preisniveau)

Tasse Kaffee	2,50 €
Softdrink (Limonade)	3,00 €
Bier (0,5 Liter)	3,80 €
Glas Wein (0,2 Liter)	5,80 €
Hauptgericht (Restaurant)	12,00 €
Eintritt staatl. Museum	7,00 €
Mietwagen/Tag	60,00 €

Gesundheit

Ärzte und Krankenhäuser

Die ärztliche Versorgung ist in München und Oberbayern bestens gewährleistet. Die Region ist mit zahlreichen Krankenhäusern ausgestattet, die auch Nothilfestationen aufweisen.

Krankenversicherung

Für Österreicher und Schweizer ist die Vorlage einer **Europäischen Versicherungskarte** (EHIC) ausreichend.

Notrufe

Tel. 112: Rettungsdienst bei Lebensgefahr. Für Situationen wie bei Herzinfarkt, Schlaganfall, schwerem Unfall und Brand. Der Notruf darf nur in Notsituationen gewählt werden. Bei Missbrauch drohen bis zu zwei Jahre Haft.

Tel. 116 117: Kostenlose bundesweite Hotline für nicht lebensbedrohliche Erkrankungen, ambulante ärztliche Hilfe außerhalb der Sprechzeiten, Vermittlung zum nächstgelegenen Bereitschaftsdienst. Mo, Di, Do 18 bis 8 Uhr des Folgetags, Mi 13 bis Do 8 Uhr, Fr 13 bis Mo 8 Uhr, vom Vorabend eines Feiertags 18 bis zum nachfolgenden Werktag 8 Uhr (inkl. Faschingsdienstag, 24. und 31. Dez.).

Schlangen

Die einzige Giftschlange in Oberbayern ist die **Kreuzotter**. Gefährlich kann ein Biss für Kinder, Allergiker sowie kranke und alte Menschen werden. Wichtig ist es, den betroffenen Körperteil absolut ruhig zu stellen, den Körper flach zu lagern und unverzüglich einen Arzt oder eine Klinik aufzusuchen. Zur Vermeidung eines Bisses tragen festes Schuhwerk und lange Hosen bei.

Zecken

Das östliche Oberbayern gilt als **FSME-Risikogebiet**. Es ist eine Überlegung wert, sich eventuell gegen die durch Zecken übertragene Frühsommer-Meningoenzephalitis impfen zu lassen. Die Impfung schützt aber nicht vor der ebenfalls von Zecken übertragenen Borreliose. Bei einem Zeckenbiss sollten Sie einen Arzt aufsuchen. Zum Schutz vor einem Zeckenbiss empfiehlt es sich, bei Wanderungen eine lange Hose zu tragen.

Grenze

Einige Wanderwege und Autofahrten in Oberbayern sind grenzübergreifend und führen ins Nachbarland Österreich. Denken Sie gegebenenfalls daran, einen Personalausweis oder Reisepass mitzuführen.

Haustiere

Hunde und **Katzen** aus Österreich und der Schweiz benötigen zur Einreise einen EU-Heimtierausweis bzw. Schweizer Heimtierausweis mit Nachweis einer Tollwutimpfung. Das Tier muss durch einen Mikrochip identifizierbar sein. Für Schweizer Hunde und Katzen ist zusätzlich eine Gesundheitsbescheinigung erforderlich, die der Tierarzt ausstellt. Die Mitnahme von Haustieren ist nicht in allen Hotels und Restaurants gestattet. Bitte am besten vorher nachfragen.

Information

In Österreich und der Schweiz

Deutsche Zentrale für Tourismus

■ Mariahilfer Str. 54, 1070 Wien,
Tel. 0043/15 13 27 92

In München

Touristinfo am Marienplatz

■ Marienplatz 8, 80331 München,
Tel. 089/23 39 65 00

Klima und beste Reisezeit

Oberbayern ist ein Ganzjahresziel. Es liegt in der gemäßigten Klimazone, das Klima ist kontinental geprägt. Die Klimazonen der Region reichen von alpin bis feucht-kontinental. Die wärmste Stadt ist München. Sie liegt im Einzugsgebiet des Föhns, der die Temperaturen auch im Winter oft in milde Bereiche steigen lässt.

Klimatabelle München

Monat	Luft (°C) min/max	Sonne (h/Tag)	Regentage
Jan.	-5/2	3	10
Feb.	-4/4	2	13
März	-1/8	4	10
April	3/13	5	11
Mai	7/17	7	12
Juni	10/21	7	13
Juli	12/23	7	12
Aug.	12/22	6	8
Sept.	10/19	6	8
Okt.	4/14	4	8
Nov.	0/7	2	10
Dez.	-4/3	2	10

Die wärmsten **Badeseen** wie der Waginger See erreichen im Hochsommer eine Temperatur von 27 Grad, Bergseen wie der Eibsee unterhalb der Zugspitze bleiben meist unter 20 Grad. Bereits ab Ende September muss in den Bergen Oberbayerns mit Schneefall gerechnet werden.

Die günstigsten Preise für eine Übernachtung finden Sie jeweils in der **Zwischensaison** im April und im November. Wegen des Oktoberfestes steigen im Großraum München von Mitte September bis Anfang Oktober die Hotelpreise weit über das Durchschnittsniveau.

Nachtleben

Die vielfältigste Clubszene in Oberbayern – mit über 100 Clubs – hat **München**. Schwerpunkte des Nachtlebens sind hier das Gärtnerplatz- und Glockenbachviertel sowie die Sonnenstraße, Lenbachstraße und der Maximilianplatz. Der bekannteste Club ist das P1 im Haus der Kunst (Prinzregentenstr. 1, www.p1-club.de).
Weitere bekannte Clubs in München sind Harry Klein (www.harrykleinclub.de), Pacha (www.pacha-muenchen.de), die Rote Sonne (www.rote-sonne.com), Call Me Drella (www.drella.de), Crowns Club (www.crownsclub.de) und Neuraum (www.neuraum.de).
Interessante Clubs gibt es auch in größeren Städten Oberbayerns wie **Landsberg am Lech** (Moritz, www.moritz-landsberg.de), **Rottach-Egern** (Club Quantum), **Rosenheim** (The Hole Club, facebook.com/groups/holeclub) und **Ingolstadt** (Suxul, www.suxul.com).

Notfall

Unter den folgenden gebührenfreien europäischen Nummern erhalten Sie Hilfe von der Polizei, der Feuerwehr, einem Rettungswagen oder einem Notarzt:
110 **Notruf Polizei**
112 **Notruf Rettungsdienst**
(auch Bergnotruf)

Öffnungszeiten

Die Öffnungszeiten von Geschäften, Banken und der Post entsprechen den in Deutschland üblichen. In kleineren Orten sind die Geschäfte jedoch oft während der Mittagszeit geschlossen.

Sicherheit

Bayern ist Deutschlands sicherstes Bundesland. Und auch die Landeshauptstadt München gilt bundesweit als sicherste Großstadt. Gäste können sich überall und ohne Einschränkung bewegen. Dennoch gilt auch hier: Hüten Sie sich vor Taschendieben – insbesondere in großen Menschenmengen –, und lassen Sie keine Wertsachen im Auto liegen.

Souvenirs

Wer in ein wirklich traditionelles Dirndl oder eine maßgeschneiderte und hochwertige Lederhosen (siehe dazu auch »Umgangsformen« S. 134) investieren möchte, liegt bei folgenden Adressen richtig:

Dirndl

Andrea Sanktjohanser

■ Nördliche Hauptstr. 8, 83708 Kreuth, Tel. 08029/14 05

Trachten Greif

■ Nördliche Hauptstr. 24, 83700 Rottach-Egern, www.trachten-greif.de

Lederhosen

Michael Krippel Lederhosen

■ Dorfstr. 26, 82418 Riegsee, Tel. 08841/67 81 36, www.lederhosen-michi.de

Säcklerei Moser Lederhosen

■ Fraunhoferstraße 6, 83714 Miesbach, Tel. 08025/22 48

Sport

Die sportlichen Möglichkeiten in Oberbayern sind fast unbegrenzt. Hier einige der beliebtesten Aktivitäten:

Angeln

Man benötigt einen Erlaubnisschein des Fischwasserbesitzers und den staatlichen Fischereischein.

■ Landesfischereiverband Bayern, Tel. 089/642 72 60, www.lfvbayern.de

Golf

Es gibt in Oberbayern über 60 Golfclubs und traumhaft schöne Plätze. Schwerpunkte sind die Gegenden um München, den Starnberger See und den Tegernsee.

■ Bayerischer Golfverband, Tel. 089/15 70 22 31, www.bayerischer-golf-verband.de

Radfahren

Es gibt in Oberbayern ein dichtes Radwegenetz, viele reizvolle Strecken und zahlreiche eigens ausgewiesene Mountainbike-Trails. Fahrräder können im Hotel und bei Anbietern vor Ort ausgeliehen werden.

■ Kostenlose Radwegkarte anfordern: www.bayerninfo.de

■ Infos über Fahrräder in Zügen: www.bayern-fahrplan.de

■ Verleihstationen von E-Bikes: www.movelo.com

Reiten

In vielen Urlaubsorten gibt es Reiterhöfe, Reitställe und Reitmöglichkeiten.

■ www.reiten.de

Sommerrodeln

Sommerbahnen gibt es vielerorts, z. B. auf der Schliersbergalm am Schliersee, am Blomberg bei Bad Tölz, am Kolbensattel in Oberammergau, am Steckenberg in Unterammergau, in Garmisch-Partenkirchen, Oberau, Lenggries, Marquartstein, Berchtesgaden und Ruhpolding.

Wanderungen und Bergtouren

Das Angebot an Wanderungen und Bergtouren in Oberbayern ist überaus vielfältig und reicht von Spaziergängen bis hin zu Klettersteigen und hochalpinen Touren. Bei Feuchtigkeit und rutschigem Gelände wie Schotter und Geröll empfiehlt sich unbedingt das Tragen von Bergschuhen. Denken Sie auch bei kurzen Touren daran, Regenkleidung mitzunehmen, das Wetter in den Bergen kann schnell umschlagen. In den Wanderrucksack gehören auch ausreichende Trinkvorräte, eine Rettungsfolie und eine Stirnlampe. Holen Sie vor einer Tour unbedingt Bergwettervorhersagen ein. Bei einer Bergtour von einem Gewitter überrascht zu werden, bringt Sie in Lebensgefahr! Wandern in Oberbayern ist ganzjährig möglich, es gibt ein großes Angebot an Winterwanderwegen und Schneeschuh-Trails.

- Bergwetter-Service Deutscher Alpenverein: www.alpenverein.de
- www.bayregio.de/wandern
- www.bergsteigerschule-zugspitze.de
- www.bergsteigerschule-watzmann.de
- www.bayern.by/schneeschuhtouren

Wintersport

Oberbayern ist ein Paradies für Wintersportler. Alpinskilauf und Snowboardfahren ist auf 367 Pistenkilometern möglich, die von 255 Skiliften erschlossen sind, etwa in den Skigebieten in Garmisch-Partenkirchen, Reit im Winkl, Berchtesgaden, Lenggries, Sudelfeld und am Spitzingsee. Auch für

Groß und mächtig überragt der Watzmann die Berchtesgadener Alpen

Skitourengeher gibt es ideales Gelände. Von den zahlreichen Rodelstrecken ist die 6,5 km lange Naturrodelbahn am Wallberg hervorzuheben. Weitere beliebte Wintersportarten sind Skilanglauf, Eisstockschießen und Schlittschuhfahren.

- Lawinenlagebericht der Bergwacht Bayern: Tel. 089/92 14 12 10, www.bergwacht-bayern.de

Stadtführungen

- München: www.muenchen.de

Auch Themenführungen wie Nachtwächter- oder Kulinariktouren

- Garmisch-Partenkirchen: www.gaeste fuehrer-garmisch-partenkirchen.de
- Berchtesgaden: www.gaestefuehrer-berchtesgaden.de

Sturmwarndienst

Die oberbayerischen Seen sind auch berühmt für die plötzlichen Wetterumschwünge, oft in Verbindung mit Starkwinden und Stürmen. Deshalb sind an allen großen Seen vom 1. April bis 31. Oktober **Sturmwarnsysteme** in Betrieb, die orangefarbene Lichtsignale in unterschiedlicher Frequenz aussenden. Die Warnung erfolgt ca. 1 Stunde vor dem zu erwartenden Sturm und ist sehr ernst zu nehmen. Immer wieder geraten Bootsführer in Seenot. Beim Einsetzen der optischen Signale unverzüglich das Ufer oder windgeschützte Stellen aufsuchen.

Telefon und Internet

Besonders in Bergregionen kann es beim **Mobilfunk** zu Einschränkungen beim Empfang kommen. Das betrifft besonders auch Wanderungen.

Die Internetverbindungen sind in einigen Regionen noch vergleichsweise langsam. Und nicht in jeder Unterkunft gibt es **WLAN**. Wenn auf der Webseite dazu keine Angaben gemacht werden, empfiehlt sich eine Nachfrage beim Gastgeber.

Tickets

Tickets für Veranstaltungen in München gibt es unter www.muenchen ticket.de oder www.eventim.de.

Umgangsformen

Achten Sie darauf, **Gottesdienste**, religiöse Feste, aber auch Brauchtumsveranstaltungen nicht zu stören, insbesondere durch eine zu intensive Dokumentation mit dem Smartphone. Viele Oberbayern praktizieren eine tiefe Religiosität. Und traditionelle Feste sind in Oberbayern kein Touristenspektakel, sondern eine Herzensangelegenheit.

Aus Respekt empfiehlt es sich auch, bei **Kirchenbesichtigungen** und der **Teilnahme an Festen** eine angemessene Kleidung zu tragen.

Die **Tracht** hat in vielen Orten Oberbayerns eine lange Tradition, die Einheimischen sind stolz auf ihre regionale Tracht und tragen sie zu vielen Gelegenheiten. In eine maßgeschneiderte Lederhose investieren sie gerne mal 1000 €, für ein Dirndl noch mehr. Zwar sind die Oberbayern sehr tolerant, aber erwarten Sie nicht, dass Sie mit Trachtenmode von der Stange im Ansehen vor Ort steigen.

Unterkunft und Hotels

Hotels und Pensionen

Der Fremdenverkehr in Oberbayern hat eine lange Tradition. Dementsprechend gibt es viele Unterkünfte und Hotels aller Kategorien. Das Preisniveau liegt aufgrund der Attraktivität Oberbayerns als Reiseland über dem Bundesdurchschnitt.

Am Chiemsee und im Chiemgau warten 850 Ferienwohnungen auf Urlaubsgäste (www.chiemgau.de).

Urlaub auf dem Bauernhof

Viele Regionen Oberbayerns sind immer noch von Landwirtschaft geprägt. Besonders bei Familien mit Kindern wird der Urlaub auf Bauernhöfen mit vielen Tieren immer beliebter, nicht nur weil er eine kostengünstige Alternative zu Hotel und Pension darstellt, sondern auch die Möglichkeit bietet, dem Landwirt bei seiner täglichen

Arbeit über die Schulter zu schauen, und den Kindern unvergessliche Momente beim Füttern der Tiere, Melken oder bei der Ernte beschert.

■ Landesverband Urlaub auf dem Bauernhof in Bayern, Tel. 089/55 87 36 70, www.bauernhof-urlaub.com

Camping und Caravaning

In Oberbayern gibt es eine Reihe wunderschön gelegener Campingplätze. Geprüfte Beschreibungen bieten der jährlich erscheinende **ADAC Campingführer** sowie der **ADAC Stellplatzführer** (im Buchhandel erhältlich). Alle Plätze und aktuelle Infos finden Sie auch im neuen Camping-Portal des ADAC: www.pincamp.de.

Weitere Tipps für Unterkünfte und Hotels finden Sie in der Rubrik »Übernachten« jeweils am Kapitelende der einzelnen Regionen.

Verkehrsmittel in der Region

Bahn

Mit der Deutschen Bahn lassen sich in Oberbayern selbst kleine Orte anfahren. Günstiger reist man bei der Deutschen Bahn mit dem Bayern-Ticket (ab 25 €) und dem Schönes-Wochenende-Ticket (ab 44 €). Ins Oberland südlich und südöstlich von München verkehrt die Bayerische Oberlandbahn (BOB). Tickets gibt es an eigenen Automaten an den Bahnsteigen.

■ Bayerische Oberlandbahn, Tel. 08024/99 71 71, www.oberlandbahn.de, www.bahn.de

Die Münchner S-Bahn verkehrt im Großraum München und fährt zu den Endhaltestellen Herrsching (S8), Tutzing (S6), Wolfratshausen (S7), Holzkirchen (S3), Altomünster (S2) und Freising (S1).

■ MVV, Tel. 089/41 42 43 44, www.mvv-muenchen.de

Bus

Die regionalen Busse bedienen auch kleine Orte in Oberbayern regelmäßig.

■ Regionalverkehr Oberbayern, Oberbayernbus, Tel. 089/55 16 40, www.rvo-bus.de

Mietwagen

In allen größeren Städten gibt es Mietwagenanbieter. Für Mitglieder bietet die **ADAC Autovermietung** günstige Konditionen. Buchung über adac.de/autovermietung, die ADAC Geschäftsstellen oder unter Tel. 089/76 76 20 99

Schiff

Auf dem Ammersee, Starnberger See, Tegernsee, Chiemsee und Königssee verkehren zum Teil das ganze Jahr über Linienschiffe.

■ Bayerische Seenschifffahrt, Tel. 08652/963 60, www.seenschifffahrt.de

■ Chiemsee-Schifffahrt, Tel. 08051/60 90, www.chiemsee-schifffahrt.de

Bergbahnen

Fast jede Bergregion in Oberbayern hat eine oder mehrere Seilbahnen. Zu den bekanntesten zählt die neue Seilbahn auf die Zugspitze (siehe S. 121). Die älteste aktive Zahnradbahn Bayerns ist die Wendelsteinbahn (siehe S. 74).

Zollbestimmungen

Reisende aus EU-Ländern wie Österreich dürfen Waren für den privaten Gebrauch abgabenfrei in die Heimat mitnehmen. Bürger der Schweiz dürfen Waren im Wert von 300 € für den privaten Gebrauch aus der EU ausführen.

Die Geschichte Oberbayerns

800 v. Chr. Besiedelung durch keltische Volksgruppen.

15 v. Chr. Besetzung durch die Römer.

5.–6. Jh. Einwanderung der Bajuwaren. Sie gründen das Herzogtum der Agilolfinger.

6.–8. Jh. Christianisierung der Region. Gründung des Bistums Freising 738.

788 Karl der Große setzt den bayerischen Herzog aus dem Geschlecht der Agilolfinger Tassilo III. ab.

12 Jh. Beginn der Herrschaft der Wittelsbacher.

1255 Unter Ludwig dem Strengen wird ein selbständiges Herzogtum Oberbayern geschaffen.

1392 Dreiteilung des Herzogtums Bayern in Bayern-München, Bayern-Ingolstadt und Bayern-Landshut.

17. Jh. Dreißigjähriger Krieg und Pestepidemien.

1803 Max I. Joseph ordnet die Säkularisierung von Klöstern und Kirchen an.

1808 König Max I. Joseph verabschiedet die erste bayerische Verfassung.

1810 Der Rupertiwinkel kommt zu Bayern.

1816 Das Herzogtum Salzburg wird abgetreten und die endgültige Grenze zu Österreich mit dem Vertrag von München festgelegt.

1864–1886 König Ludwig II. regiert Bayern. Die Königsschlösser Linderhof, Neuschwanstein, Schachen und Herrenchiemsee werden gebaut.

1933 Nach der Machtergreifung führt Adolf Hitler seine Regierungsgeschäfte mehrere Monate im Jahr vom Obersalzberg bei Berchtesgaden aus.

1936 In Garmisch-Partenkirchen finden Olympische Winterspiele statt.

1945 Bomber der Royal Air Force werfen fast 1300 Bomben über dem Obersalzberg ab.

1946 Die Verfassung des Freistaates Bayern wird per Volksentscheid angenommen.

1972 In München finden die Olympischen Sommerspiele statt. Bei einem Anschlag einer palästinensischen Terrorgruppe auf die israelische Olympia-Mannschaft sterben elf israelische Sportler und ein Polizist.

1974 Im Olympiastadion in München gewinnt Deutschland die Fußball-Weltmeisterschaft.

2011 In Garmisch-Partenkirchen wird die Alpine Skiweltmeisterschaft ausgetragen.

2018 Die mit einem Kostenaufwand von ca. 50 Mill. € neu gebaute Jennerbahn am Königssee wird eröffnet.

2022 Der G7-Gipfel findet zum zweiten Mal im Luxushotel Schloss Elmau bei Garmisch-Partenkirchen statt.

König Ludwig II. hat sich in der bayerischen Geschichte als leidenschaftlicher Schlossbauherr ein Denkmal gesetzt

Alle Blickpunkt-Themen in diesem Band:

Register

Bildnachweis
Titel: Kirchdorf Wamberg mit Zugspitze und Alpspitze im Hintergrund
Foto: AWL Images Ltd (ClickAlps)

AUDI AG 17.3 – dpa Picture-Alliance: Sueddeutsche Zeitung Photo 2; C. Baeck 97 – EFA Automobilmuseum 12.1, 77.3 – exornamentis.de 3.1 – gemeinfrei 136 – Gorgeous Smiling Hotels GmbH 41 – Huber Images: R. Schmid 6/7, 14/15, 17.1, 24, 31, 61, 65, 68/69, 79, 102, 105; U. Siebig 39; F. Lukasseck 70; H.P. Huber 88/89, 117.1; C. Bäck 92 – Jahreszeiten Verlag: Gräfe und Unzer KV 66 – Jalag: N. Kriwy 10.2; W. Schmitz 22, 27; C. Körte 36; G. Lengler 44/45, 57; D. Borges 52 – Laif: B. Jonkmanns 11.2; D. Denger 74; H.-B. Huber 115; C. Kerber 117.3 – Lookphotos: F. M. Frei 11.1; I. Kürschner 12.3; age fotostock 13.2, 34; D. Schoenen 58; T. Stankiewicz 63.1, 122; H. Wohner 101.1 – mauritius images: W. Bibikow 12.2; C. Kley 13.3; Wire.Dog/Alamy 18/19; P. Widmann 43, 83; M. Siepmann 49; B. Schunack 63.3; N. Eisele-Hein 95; W. Bibikow 110; Dr. W. Bahnmüller 113, 144; P. Lehner 117.2 – Seasons Agency: G. Lengler/Jalag 2/3; C. Körte/Jalag 4.2; M. Bassler/Jalag 10.1; D. Williamson 28; P. Becker/Jalag 80 – Shutterstock.com: ms_pics_and_more 3.2; M. Gann 4.1; Kzenon 7.1; canadastock 9, 101.3; Jazzmany 26; mary416 77.2; M. Thaler 107; A. Russ 109; JanUFotO 119; Intrepix 128; Juergen_Wallstabe 133 – SÜDSALZ GmbH: Georg Grainer 101.2 – Markus Wasmeier 63.2, 73

© 2022 GRÄFE UND UNZER VERLAG GmbH,
Postfach 86 03 66, 81630 München

ADAC

Markenlizenz der ADAC Medien und
Reise GmbH, München

ISBN 978-3-98645-007-6

1. Auflage 2022

Autor: Martin Fraas
Redaktion: Gernot Schnedlitz
Lektorat: Anne Köhler
Satz: Nadine Thiel, Baldham
Bildredaktion: Dr. Nafsika Mylona
Reihengestaltung: Eva Stadler, München; Independent Medien Design, Horst Moser, München
Kartografie: Huber Kartographie GmbH, www.kartographie.de
Herstellung: Mendy Willerich
Druck und Bindung: Drukarnia Dimograf

GRÄFE UND UNZER

Ein Unternehmen der
GANSKE VERLAGSGRUPPE

Wichtiger Hinweis
Die Daten und Fakten für dieses Werk wurden mit äußerster Sorgfalt recherchiert und geprüft. Wir weisen jedoch darauf hin, dass diese Angaben häufig Veränderungen unterworfen sind und inhaltliche Fehler oder Auslassungen nicht völlig auszuschließen sind, zumal zum Zeitpunkt der Drucklegung die Auswirkungen von Covid-19 auf das Hotel- und Gastgewerbe vor Ort noch nicht vollständig abzusehen waren. Für eventuelle Fehler oder Auslassungen können Gräfe und Unzer, die ADAC Medien und Reise GmbH sowie deren Mitarbeiter und die Autoren keinerlei Verpflichtung und Haftung übernehmen. Aus Gründen der besseren Lesbarkeit wird in diesem Buch bei Personenbezeichnungen das generische Maskulinum verwendet. Es gilt gleichermaßen für alle Geschlechter.

Ansprechpartner für den Anzeigenverkauf:
KV Kommunalverlag GmbH & Co. KG,
MediaCenter München, Tel. 089/928 09 60

Bei Interesse an maßgeschneiderten B2B-Produkten:
roswitha.riedel@graefe-und-unzer.de

Leserservice
GRÄFE UND UNZER Verlag
Grillparzerstraße 12
81675 München
www.graefe-und-unzer.de

Entdecke neue
Abenteuer und Ausflüge
vor deiner Haustür
gleich Neues
entdecken

Unterwegs in Oberbayern

Stramme Waden als Motor

Ein umweltschonendes als auch zukunftsweisendes Verkehrsmittel sind die zahlreichen Rikschas. Diese bieten in München Radltaxi-Service, aber auch geführte Stadtrundfahrten an, bei denen die strampelnden Reiseführer eine Menge Interessantes über München zu berichten wissen. Zudem stehen auch Leihfahrräder verschiedener Anbieter, u. a. von DB Call a Bike und der MVV, an zentralen Plätzen bereit.

■ Siehe S. 25, www.callabike-interaktiv.de

Spektakuläre Schwebepartien

In Oberbayern gibt es eine Vielzahl besonders spektakulärer Bergbahnen, etwa die Laberbergbahn oder die 2017 neu eröffnete Seilbahn zur Zugspitze. Sie fahren in nur wenigen Minuten zu wunderbaren Aussichtspunkten und Ausgangspunkten für Wanderungen.

■ Siehe S. 55 und S. 121

Die Nostalgie fährt mit

»Leo« wird die Chiemgauer Lokalbahn von Bad Endorf nach Obing genannt, die als Museumsbahn betrieben wird. Auf der 18,5 km langen Strecke verkehren tageweise auch Dampfzüge.

■ www.leo-online.org

Unübertrefflich romantisch

Besonders stimmungsvoll ist es, die idyllische Landschaft von der Pferdekutsche aus zu genießen. Im Winter wird die Kutsche oft durch einen Pferdeschlitten getauscht.

■ www.tegernsee-schliersee.de

Reisen in Corona-Zeiten

Liebe Leserin, lieber Leser, durch die langen pandemiebedingten Einschränkungen im Hotel- und Gastronomiegewerbe können wir nicht ausschließen, dass einige der im Buch empfohlenen Adressen zum Zeitpunkt Ihrer Reise nicht mehr aktuell sind. Wenn Sie trotz unserer Bemühungen um Aktualität eine solche Adresse finden, teilen Sie uns diese bitte mit. Wir belohnen jede in die nächste Auflage aufgenommene Korrektur mit **einem kostenlosen Reiseführer Ihrer Wahl**. Zuschriften bitte an: adac@graefe-und-unzer.de